Karl von Eckartshausen

Das Unkraut unter dem Weizen

oder Religion und Gleisnerei

Karl von Eckartshausen

Das Unkraut unter dem Weizen
oder Religion und Gleisnerei

ISBN/EAN: 9783743470989

Hergestellt in Europa, USA, Kanada, Australien, Japan

Cover: Foto ©ninafisch / pixelio.de

Weitere Bücher finden Sie auf **www.hansebooks.com**

Das
Unkraut unter dem Weitzen,
oder
Religion und Gleisnerey,
bearbeitet

in Gesprächen und drey Abtheilungen,

zum

Gebrauch der Schaubühne.

Von

dem Hofrath Karl v. Eckartshausen.

München,
bey Jos. Lentner nächst dem schönen Thurm.
1793.

Nro. 1275

Das Unkraut unter dem Weitzen, oder Religion und Gleisnerey ein Theaterstück in drey Abtheilungen.

Imprimatur.

München im churfürstl. Büchercensurkollegio. Den 17ten Oktober 1792.

Reichsfreyh. v. Schneider, auf Negelsfürst Director.

Registr. fol. 169.

Loco des churfürstl. wirkl. Rath und S. Graf.
J. Auracher Secr.

―――――――――――――

Der Acker aber ist die Welt, und der gute Saamen sind die Kinder des Reichs; das Unkraut aber sind die Kinder der Bosheit. Ev. Matth. Kap. 13, v. 38.

Die Ursache, warum ich der Welt dieses Stück liefere, ist diese, weil ich aus genauer Beobachtung überzeugt bin, daß eine Menge Menschen heut zu Tage unter dem Vorwande der Religion andere verfolgen, folglich der Gleisnerey huldigen.

Kein Laster ist dem Staate schädlicher als Gleisnerey, denn sie ist die

Mutter aller Schandthaten; ein Gleisner ist zu allem fähig.

Christus, der Stifter unserer heiligen Religion, der vermenschte Gott, war ein abgesagter Feind aller Gleisner: aber auch nur diese verfolgten ihn, und überlieferten ihn dem Tode. Kein wahrer Anhänger des Christenthums kann Gleisnerey ertragen, und es ist jedes Christen Pflicht, diesem abscheulichen Laster entgegen zu arbeiten. Ich wollte daher zeigen, wie edel der Charakter eines wahren Christen ist, und wie abscheulich die Heucheley. — Verläumdung ist des Heuchlers Lieblingslaster,

laster, und dieses ist heut zu Tage so gewöhnlich, man macht sich so wenig daraus, seinen Nächsten anzuklagen und zu beschuldigen, ihm das theuerste Gut, die Achtung seines Mitmenschen zu rauben, daß man es gar zur feinen Welt-Politik rechnet, gut verläumden zu können.

Dieses Laster untergräbt die Haupt- und Grundsäule des Christenthums, nämlich die Nächstenliebe; es ist das Kind der Lüge und der feindseligen Neigungen; mit einem Worte: die Quelle aller Laster. Die Tugend findet keinen Zufluchtsort, die guten Handlungen

keine

keine Nachahmung mehr, weil alles verargt, alles verschwärzt wird; der ehrliche Mann ist vor den Räubern seiner Ehre nirgends sicher; die edelste und schönste Aneiferung zum Guten, der Beyfall des Rechtschaffnen wird ihm geraubt; dadurch entsteht gegenseitiges Mißtrauen, Menschen trennen sich, keiner traut dem andern mehr, Heucheley und niedrige Schmeicheley bemächtigen sich der Menschen, man wird schüchtern, furchtsam und niederträchtig, die Menschenliebe nimmt ab, und mit ihr die Religion, die sich nur auf Menschenliebe gründet; so verfallen die Sitten; der Bösen werden immer mehr, diese ge-

winnen

winnen die Oberhand, und die Guten verschwinden; einer verfolgt den andern; die Folge davon ist Verwirrung, und diese zieht endlich den Untergang und Verfall der Staaten nach sich.

In einem Lande, wo die Lüge herrscht, hat die Wahrheit keinen Platz mehr; dort wo man ungescheuht verläumden kann, kann man auch ungescheuht alle Laster ausüben; nur deckt sich der Bösewicht mit Gleisnerey, spricht immer von Religion, von Tugend, schmäht immer über die bösen Zeiten, und macht jeden, dem er gram ist, oder den er stürzen möchte, als einen Menschen

ſchen ohne Religion, als einen Freygeiſt, oder unter einem andern gehäßigen Namen verdächtig; — es entſtehen heimtückiſche Böſewichter, heimliche Ankläger, und Meuchelmörder der Ehre und des guten Rufs; man glaubt, Religion und Chriſtenthum beſtehe blos in äußern Grimaſſen, da doch das Evangelium nur thätige Menſchenliebe lehrt. Chriſtus, der göttliche Stifter unſerer Religion, hatte es immer mit den Gleiſnern und Phariſäern zu thun; dieſe verläumdeten ihn, klagten ihn an, als einen Menſchen ohne Religion, als einen Neuerer, ja ſogar als einen Gottesläſterer, und er, der Heiligſte, die Wahrheit

heit selbst, wurde verdammt von denen, deren erste Pflicht es gewesen wäre, die Wahrheit zu schützen.

Nur Weisheit macht die Menschen glücklich; wer Hypokriten aus Menschen bildet, der legt schon den Keim zum Menschenverderben; — und ein Hypokrit ist der, welcher sagt, er habe Religion, und der die Nächstenliebe nicht kennt; — der, der seinen Nebenmenschen heimlich anklagt, seine Ehre betastet, seinen guten Ruf verdächtig macht, ihm heimlich zu schaden sucht — der Mensch hat keine Religion, und stünd er auch am Altar, so gehört er zu denen, von welchen Christus sagt:

Wehe

Wehe euch ihr Schriftgelehrte und Pharisäer, ihr Heuchler! ihr seyd gleich den weißgemachten Gräbern, welche den Leuten von auſſen fein ſcheinen, inwendig aber ſind ſie voll Todenbeiner und Unflat.

Personen.

Baron v. Reben, geheimer Rath.
Fritz, geheimer Referendär, } seine Söhne.
Karl, Justizrath,
Baron v. Mennern, geheimer Rath.
Amalie, seine Tochter.
Rosalie, ihre Freundinn.
Baron v Klett, ein junger Cavalier und Rath.
Graf v. Rosenfeld, Minister am Hofe.
Herzog Friderich, Landesfürst.
Frau v. Turnau, eine Wittwe.
Therese, ihre Tochter.
Karl, ihr Söhnchen.
Magister Blum, Haustheolog des Ministers.
Israel, ein Jud.
Styr, ein junger Mensch.
Juste, Kammerdiener des Fürsten.
Bediente.

Die Handlung geht vor in einer Residenzstadt Deutschlands; fängt am Morgen an, und endet sich Abends.

Erste Abtheilung.
Erstes Gespräch.

Baron v. Reben, Vater. Fritz, sein Sohn, geh. Kabinetssekretär. Karl v. Reben, Hofrath. Die zween Söhne sitzen am Tische angekleidet und arbeiten. Baron v. Reben der Vater kömmt aus seinem Schlafgemach.

Baron v. Reben. So meine Söhne! so seyd ihr euers Vaters würdig. Ihr seyd schon so früh an der Arbeit. Die Gottheit segne euer Unternehmen. Fritz! du bist geheimer Kabinetssekretär des Fürsten, und du, Karl! bist bey der Justizstelle als Rath angestellt — wahrhaft schöne, glänzende Stellen, aber nur darum schön, weil ihr Gelegenheit habt, viel Gutes in diesen Stellen zu stiften.

Fritz. Das wollen wir auch lieber Vater! Was bleibt dem Menschen wohl übrig in der kurzen Zeit seiner Durchreise durch dieses Leben, als das

das Vergnügen Gutes zu thun, und das Bewußtseyn seiner edeln Handluugen. Dem Allvater der Liebe ähnlich werden, das ist Menschenbestimmung.

Bar. v. R. Du hast recht. Unsre Erwartung geht über das Grab hinaus; die Tugend lohnt eine Welt nicht; aber wißt ihr wohl, liebe Kinder, warum ich heut schon so früh bey euch bin?

Karl. Warum lieber Vater?

v. Reb. Vat. Ich war euertwegen sehr beunruhigt.

Karl. Wir haben ja doch nichts gethan, das Sie beleidigte?

Fritz. Wir haben uns ja doch nichts vorzuwerfen? Wissentlich gewiß nicht. Finden Sie vielleicht, daß wir für die Stellen, die uns der Fürst gab, noch nicht hinlängliche Kenntnisse besitzen? Beunruhigt Sie das, so wollen wir alles thun, was Sie von gehorsamen Kindern fodern können.

Karl. Wenn Sie mich unfähig zu der Stelle finden, die ich bekleide, so will ich sie wieder zu den Füßen meines Fürsten legen. Ich bin hiezu entschlossen.

Fritz. Ich auch mein Vater.

v. Reb.

v. Reb. Vat. Ihr wäret das? Und ihr könntet euch über das hinaussetzen, was die Welt dazu sagen würde?

Karl. Sage die Welt, was sie will; wenn nur unser Herz unsere Handlungen rechtfertigt. Ich will lieber Diener seyn, als ein Herr, der sein Amt nicht versteht; lieber ein Untergeordneter als ein Vorgesezter, der seine Pflichten nicht kennt. Und mein Bruder denkt eben so.

Friz. Ja, Vater! ich denke wie mein Bruder. Nie hat mich die glänzende Stelle, der Rang, der Titel gereizt. Meinem Fürsten, meinem Vaterlande zu dienen, den Menschen wohl zu thun — dieses war mein Beweggrund, ein Amt im Staate zu bekleiden, kein anderer. Fällt dieser Beweggrund weg, hab ich Ihnen Anlaß gegeben, mein Vater! zu vermuthen, daß ich zu der Stelle nicht passe, wo ich bin, so sagen Sie mirs frey; ich schäme mich nicht vom neuen wieder zu lernen, und das nachzuhollen, was das Amt von mir fodert.

v. Reb. V. So Kinder, seyd ihr, wie ich mir euch wünsche.

Friz. Wir wären ihrer unwerth, wenn wir anders dächten. Die Erziehung, die Sie uns gegeben haben; die Religion, die Sie uns lehrten,

ten, sagt uns diese Grundsätze, und unser Herz billigt sie.

v. Reb. Vat. Läßt euch an mein Herz drücken, ihr Lieben! Fahrt so fort, und Gottes Seegen wird bey euch seyn. Ihr seyd bescheiden, und das ist gut für euer Alter. Ein junger Mensch muß immer Mißtrauen auf seine Fähigkeiten haben; der, der stolz auf seine Talente, auf seine Fähigkeiten ist, ist ein Thor, oder wenn er je weise war, so fängt er an ein Thor zu werden. Aber nein Kinder! ich setzte nie einiges Mißtrauen in eure Fähigkeiten; ich kenne euern Fleiß, eure Rechtschaffenheit, eure Grundsätze und sie stehen mir Bürge, daß ihr jeden Tag euch des Amts würdiger machen werdet, das euch der Staat anvertraute. Ich hab euch gut und christlich erzogen, meine Kinder! ihr werdet daher immer bieder und rechtschaffen handeln, dieses hoffe ich von euch. An Tugend, so schmeichle ich mir, wird es euch nicht fehlen; wohl aber an der gehörigen Klugheit, die Tugend anzuwenden. Ihr habt gute Herzen, und werdet daher die Menschen nach euern Herzen beurtheilen, und euch oft betrügen; ihr kennt den Hof und die Welt noch nicht, und habt daher euern alten Vater noch als euern Rathgeber nothwendig. Wird aber der Justizrath und der geheime Kabinetssekretär

mir wohl noch den guten Rath des Vaters anhö=
ren und befolgen, so wie ihn einst der gute Karl
und der gute Fritz befolgten?

Karl. Kränken Sie diese Herzen nicht, be=
ster Vater! die Sie so zärtlich lieben! Was soll
der Titel dem Menschen; das Herz, mein Vater,
macht alles. Der Rang giebt nicht Würde, noch
das Amt Verstand — Würde liegt in der Seele,
und die Seele ist folgsam den Räthen der Weis=
heit. Der Mensch lernt nie aus, immer bedarf
er den Rath eines Weisern, und dieser Weisere sind
Sie mein Vater. So denkt Ihr Sohn, Karl;
und Bruder Fritz denkt wie ich.

Fritz. Ich müßte mich schämen, mein Va=
ter! wenn Sie nur daran zweifeln könnten; mein
Stolz besteht darinn, ihrer werth zu seyn, ihren
Lehren zu gehorchen, die Tage ihres Alters durch
unsre Handlungen zu versüßen. Reden Sie also
mit uns, wie Sie immer mit ihren Kindern gere=
det haben; strafen Sie, wenn wir fehlen; beleh=
ren Sie uns, wenn wir irren. Wir sind ihre
Kinder — Sie unser Vater; die Pflicht gebiethet
uns, Sie zu lieben; die Tugend Ihnen zu ge=
horchen.

v. Reb. Vat. O Söhne! kommt an mein
Herz, und fühlt, wie dieses Herz für euch schlägt!
o wie sanft rollt diese Thräne auf meine Wan=
gen.

gen, die ihr meinem Auge entlockt! Kömmt an meine Brust! Laßt euch in meine Arme schließen, und der Himmel höre den Seegen, den ich über euch ausspreche, und mache ihn wahr. Gott im Himmel! der du Liebe und Ordnung bist — Urquelle alles Guten! segne meine Söhne, daß sie nie von dir, nie von Ordnung, Tugend und Liebe weichen; segne meine Söhne! —— Aber nun zu unserm Vorhaben. Setzen wir uns.

Fritz. Hier sind Stühle.

v. Reb. Vat. Karl! Du bist von dem Präsidenten der Justitzstelle zum Referenten in einer sehr wichtigen causa ernennt worden. Sie betrift den geheimen Staatsrath v. Mennern. Dieser Mann wird zu dir kommen, wird dir seine Sache empfehlen; sie betrift seine Ehre, seinen guten Ruf; mit einem Worte: Alles. Es liegt ihm äußerst viel an diesem Prozesse; auch weißt du, daß er des Fürsten Günstling ist; handle daher weise und klug.

Karl. Ja, Vater, man theilte mir diesen Akt zu. Es sey fern von mir, daß ich mir schmeichle, die Geschicklichkeit zu besitzen, die vielleicht eine so wichtige Sache als diese ist erfodert. Allein ich both allen meinen Kräften auf; arbeitete bereits schon einige Nächte, und ich finde — denn Ihnen, mein lieber Vater! darf

ich

ich es wohl sagen — ich finde, daß der geheime Staatsrath Unrecht hat.

v. Reb. Vat. Unrecht! —

Karl. Ja, er hat nicht edel mit dem Juden Israel gehandelt.

v. Reben Vat. Haſt du die Sache genau durchgegangen?

Karl. Ich wäre unwerth ihr Sohn zu ſeyn, wenn ich die Wahrheit verſchweigen würde.

v. Reb. V. Ich hörte aber bereits ältere, und klügere Räthe ganz anders von der Sache reden.

Karl. Es mag ſeyn. Aber hier, mein Vater! ſind die Akten; dieſe reden, wie ich es Ihnen ſage. Israel iſt von dem geheim. Staatsrath wirklich hintergangen worden. Ich wünſchte, daß ich mich dieſes Ausdrucks nicht bedienen dürfte — aber hintergangen iſt doch hintergangen, und wenn ein geheimer Staatsrath betrügt, ſo bleibt ſeine Handlung immer Betrug.

Fritz. Recht, Bruder! Betrug bleibt immer Betrug, bey Groſſen und Kleinen. Man will zwar manchmal an Höfen die Lüge zur Höflichkeit, und den Betrug zur Politik machen, aber im Lexikon der Wahrheit ſteht Lüge, ſteht Betrug.

v. Reb. V. Ihr habt Recht, Kinder! Ich ſehe aber voraus, daß dir dieſe Cauſa vielen Verdruß machen wird. Karl.

Karl. In Gottes Namen! Die Pflicht heißt mich die gerechte Sache schützen.

v. Reb. V. Thu also deine Pflicht, und rüste dich mit Muth, die Kränkungen zu erfahren, denen der gerechte Mann ausgesetzt ist. Aber noch eines, mein Sohn! Auch unser gutes Herz führt uns manchmal irre bey Beurtheilung einer Sache. Jedes gute Herz hat auch seine Schwäche. Der Jud ist arm — vielleicht schilderte er dir seine Umstände kläglicher als sie wirklich sind; Thränen machen leicht Eindruck auf gute Herzen. Es ist eine große Pflicht des Richters sich manchmal wider die Eindrücke des Mitleids zu verwahren. Ich muß dir dieses erinnern.

Karl. Sie haben recht, mein Vater! und ich danke Ihnen für ihren weisen Rath; allein ich sah den Juden noch nicht einmal, und wenn ich ihn gesehen hätte, so würde ich nicht auf seine Thränen, nicht auf seine Bitte, sondern blos auf die gerechte Sache gesehen haben. Ich weiß, die Natur giebt auch dem Bösewicht Thränen, und dem Heuchler Worte des Gefühls: Allein, mein Vater! hier ist der Fall nicht, die Sache ist so klar, und Israels Foderung gerecht. Wäre der Handel verwickelt, oder so beschaffen, daß ich je über die Entscheidung zweifeln könnte, so würde ich mich nicht geschämt haben, meinem Präsidenten

ten zu sagen: Eure Erzellenz! dieser Akt ist für einen Anfänger zu verworren; ich getraue mich nicht, hierüber zu entscheiden. Es sind ältere Räthe von mehr Erfahrung da, die die Sache mit mehr Genauigkeit und Einsicht zu beurtheilen wissen werden als ich; und ich hätte mich nicht geschämt dieses zu sagen: Aber so ist die Sache klar. Wer immer nur gesunde Begriffe von Recht und Billigkeit hat, kann hierüber entscheiden. Der geheime Staatsrath wird verlieren.

Fritz. Er wird verlieren! — Laß dich umarmen Bruder; dieser Ausspruch ist des Bruderkußes werth. Schütze immer den Unterdrückten, vertheidige die Rechte der Armuth, dieses ist das schönste Geschenke, das du der Gottheit und den Menschen bringst.

v. Reb. V. Wohl, Kinder! thut eure Pflicht, und überläßt das Uebrige der Vorsehung. Lebt wohl! Ihr habt mir einen vergnügten Morgen gemacht.

Karl. O mein Vater! Die Vorsehung gönne uns viele Gelegenheiten Ihnen ihre väterliche Liebe zu lohnen. (v. Reben Vater ab.)

Zwey-

Zweytes Gespräch.

Karl, Fritz.

Fritz. (Nach einer Weile ganz bedachtsam). Der geheime Staatsrath wird also verlieren — ja — und ich mit.

Karl. Du seufzest, Bruder! was fehlt dir?

Fritz. Frage nicht. Du hast den Prozeß des v. Mennern in Händen. Wisse, ich liebe seine Tochter Amalie — unendlich lieb ich sie.

Karl. Unglücklicher Bruder!

Fritz. Wahrhaft unglücklich! Der Verlurst dieses Prozesses raubt mir all meine Plane, meine Aussichten, meine Hofnung mit Amalien glücklich zu werden; es ist hart, aber wir sind der Tugend dieses Opfer schuldig.

Karl. Der Tugend dieses Opfer schuldig — ja — aber soll der Bruder das Werkzeug des Unglücks seines Bruders seyn? — Soll ich dich unglücklich machen? Nein, das kann ich nicht. Ich will den Akt dem Präsidenten wieder zurückgeben; ich will mich entschuldigen, ich will — Gott! ich weiß selbst nicht, was ich will. — Alles — nur dich nicht unglücklich machen. (Er umarmt ihn).

Fritz.

Fritz. Guter Bruder! solche Vorfälle, sind Prüfungen unserer Tugend. Ich getraute mir nicht von dir zu begehren, daß du den Vortrag dieses Akts von dir ablehnen sollst; wünschen möchte ich, daß du diesen Akt nie erhalten hättest — aber daß du ihn wieder zurückgeben sollst — hier sagt mir mein Herz, als wenn es nicht recht wäre.

Karl. Warum nicht, mein Bruder?

Fritz. Wenn der Akt in die Hände eines ungerechten Richters fiel — glaubst du, daß alle den Muth haben werden, wider den Günstling des Fürsten gerecht zu sprechen? Hast du denn nicht beobachtet, die kurze Zeit hindurch, seitdem wir am Hofe leben, was die Menschenfurcht nicht alles vermag? Sieht man nicht immer auf Konnexion, auf Freundschaft, auf Ansehen? Wenn Israel verlieren würde, welche Vorwürfe müßten wir uns nicht machen? Glaubst du denn, ich könnte an Amaliens Seite glücklich seyn, wenn ich ihren Besitz durch den Untergang einer armen Familie erkauft hätte? Ich würde immer den armen Juden vor mir sehen, seine Kinder, die vielleicht ohne Brod sind; jeden Tag, wenn die Sonne aufgieng, würd' ich mir sagen: sie bescheint dich, sie bescheint dein Glück, aber sie spiegelt sich in Israels Thränen. Nein Bruder!

sey gerecht und sprich; denke nicht, daß du einen Bruder hast, und sollte auch dein gerechter Ausspruch alle meine Absichten zerstören, so will ich mir fest vorstellen, daß ich mit Amalien wäre unglücklich gewesen; daß es Gottes Absicht nicht war, und sollte diese unglückliche Liebe auch in meinem Herzen nicht verlöschen; sollte ich kummervoll immer den Trieb nähren, der sich so heftig in meinem Herzen für Amalien regt, so soll der Gedanke du hast das Wohl deines Nächsten deiner Selbstliebe vorgezogen, Balsam in meine Wunde seyn.

Karl. Unerforschlich, Gott! sind deine Rathschlüße.

Drittes Gespräch.
Vorige, ein Diener.

Diener. Der Jud Israel wünscht den Herrn Justizrath zu sprechen.

Karl. Gott! welche Verlegenheit! —

Fritz. Laß ihn herein kommen. Der Unglückliche findet Linderung, wenn er sein Unglück klagen kann.

Karl. Er soll kommen!

Vier=

Viertes Gespräch.
Vorige, Israel.

Israel. Ich bin ein armer Jude; ich getraue mir kaum vor Ihnen zu erscheinen; mein Kleid ist schmutzig und zerrissen; ich habe aber kein anders anzuziehen.

Karl. Schäme dich nicht; das Unglück entehrt den Mann nicht, nur das Laster. Du bist mir in Lumpen so werth, als hättest du ein Kleid von Seide.

Israel. Ich hatte doch sehr unrecht, gnädiger Herr, daß mirs auf diesen Besuch so bang war. Ich zitterte im Vorzimmer wie eine nasse Maus.

Karl. Welche Ursache hast du dich zu fürchten? Bist du nicht Mensch wie ich, und soll der Mensch vor dem Menschen zittern?

Israel. Gott im Himmel! wenn alle Menschen so dächten. — Ich bin aber ein armer Jud; stundenweis mußt ich oft in Vorzimmern warten, mich necken, aushöhnen und spotten lassen. Der da oben ist, weiß es, was ich habe erdulden müssen.

Fritz. Das ist doch abscheulich, einen armen Menschen so zu mißhandeln. Du bist elend genug.

genug, daß du einen Prozeß hast, man hat nicht nothwendig, dich noch elender zu machen.

Karl. Aber Israel — warum duldetest du dergleichen Mißhandlungen? Hättest du dich beklagt. Man müßte unsinnig gewesen seyn, um solche Beschimpfungen zu billigen.

Israel. Klagen — — Gott! wo hätte ich Gerechtigkeit finden sollen? Unser eins muß froh seyn, wenn man ihn so durchschlüpfen läßt. Ein Jud ist ein elendes Geschöpf — aber ein armer Jud — der ist mehr als elend. Ich erinnere mich noch sehr wohl, ich war einstmals bettelarm, so arm daß, wenn man mich umgestürzt hätte, man keinen Heller würde gefunden haben. Ich konnte den Leibzoll nicht bezahlen, und mußte daher einen Umweg von 10 Meilen machen. Ich bitte Sie, gnädiger Herr! behandeln Sie mich doch auch wie einen armen, aber guten Menschen.

Karl. Du würdest mich beleidigen, wenn du anders dächtest. Du bist ein Mensch, erschaffen nach Gottes Ebenbild, wie ich; du bist mein Nächster, so lehrt mich meine Religion. Wer anders denkt, und seinen Mitmenschen unter dem Vorwande, daß er nicht seines Glaubens sey, verfolgt, der hat keine Religion, denn der wahre Kultus besteht in Liebe. Gott ist Liebe, — seine Gebothe sind Liebe, und wer die Liebe nicht kennt, kennt Gott nicht. Israel.

Israel. O wie glücklich bin ich, daß mein Prozeß in ihre Hände gefallen ist! Dem Gott aller Menschen sey Dank. Ihr seyd ein gerechter Herr, meine Hofnung lebt wieder auf; Sie werden mich nicht unterdrücken lassen.

Fritz. Nein, alter Freund! das wird mein Bruder gewiß nicht.

Israel. Man hat mir aber so bange gemacht. Israel, sagte man mir, deine Sache wird übel gehen, denn dein itziger Referent ist ein eifriger Christ, bey dem werden die Juden wenig gewinnen.

Karl. Wer konnte dir so einen niedrigen Begriff von unserer Religion beybringen! Das Christenthum, guter Israel, besteht nicht darinn, daß man seinen Mitmenschen verfolgt. Die Sonne geht über dich auf wie über mich; das Thau überströmmt deine Scheittel wie die meinige; das Blut wallt in deinen Adern wie in meinen, und da dich nun Gott so wie jeden andern Menschen behandelt, woher hätte ich das Recht dich anders zu behandeln, da ich sein Geschöpf bin wie du?

Israel. Freylich, Sie haben ganz recht — aber die Erfahrung lehrt uns doch immer, daß ein Glaubensgenosse den andern haßt. Ich weiß es selbst, wie unverträglich unsre Rabbiner sind.

Karl.

Karl. Du hast recht. Die Rabbiner sind unverträglich in allen Religionen — aber Gott, der den Rabbinern gebietet, der ist duldend und gut. Der Gott des Otaheiten ist Liebe wie der Gott des Christen, denn es ist nur ein Gott; Liebe ist seine Verehrung, es giebt keine andere. Denke dir einmal Israel, du bist Vater, nicht wahr? und hast Kinder? Denke dir also, du hättest deine Kinder in die weite Welt geschickt; nun kämen sie alle auf einmal zurück; jedes freut sich seinen Vater zu sehen, jedes möchte ihm gern seine Ehre bezeugen; allein dieses grüßt ihn nach der Sitte von Sina, jenes nach der Mode von Japan, das dritte nach Art der Otaheiten, und endlich das vierte nach deutschem Gebrauche. Du, der du Vater bist, würde es dir wohl lieb seyn, wenn diese deine Kinder einander verfolgten, haßten, todtschlügen, weil dieses auf jene, und jenes auf diese Art dich begrüßt hat? gewiß nicht. So Israel sind wir alle Kinder eines Vaters, der für uns viele Wohnungen hat; unsre Pflicht ist, uns einander zu lieben, und das Uebrige dem Allvater der Liebe zu überlassen.

Israel. Glück, Glück, und tausend Glück für mich, daß meine Sache in die Hände eines solchen Menschenfreundes fiel! Sie werden mir Gerechtigkeit widerfahren lassen.

Karl.

Karl. Ja gewiß!

Israel. Und was werde ich armer Mann für Sie thun können!

Fritz. Zum Himmel bethen.

Israel. Herr! Sie vergessen, daß ich ein Jud bin — die Sinagoge — —

Fritz. Der Jud bethet nicht — das Herz bethet — der Mensch Israel. Bethe immer! Das wahre Gebeth steigt weder aus der Sinagoge, noch aus dem prächtigen Tempel der Christen zum Himmel, sondern aus dem Herzen der Menschen. Das Ohr dessen, der alles hört, ist taub zu den Lobgesängen und Psalmen, die nur von den Lippen der Menschen strömen, wenn das Herz keinen Antheil daran hat. Wenn aber zween oder drey in seinem Namen versammelt sind, so ist er mitten unter ihnen. Bethe also immer Israel!

Israel. Ja ich will bethen, und mein Weib und meine Kinder sollen mitbethen zu dem Gott Abrahams, zu dem Gott Jakobs, zu dem Gott Isaaks.

Karl. Und zu unserm Gott.

Fritz. Und zu dem Gott aller Menschen. Komm her alter Jude, und stelle dich da in die Mitte zwischen mir und meinem Bruder, und du Karl reiche mir deine Hand, und gelobe mir diesen Unglücklichen glücklich zu machen. Sieh

Bruder, dieses von Gram abgezehrte Gesicht, wie der Strahl von Hofnung es wieder belebt; sieh die zitternde Thräne der Freude auf seiner Wange, wo der Kummer tiefe Furchen grub. Eine Menschenthräne hat höhern Werth, als alles, was Könige geben können. Sey muthig, Bruder, und gerecht; Gott wird uns schützen. Ich kann nicht unglücklich werden; würd' ich es seyn, so will ich dem Vater der Liebe die Thräne der Freude zeigen, die Israel weinte, und sie wird wie Thau zum Himmel steigen, und mit dreyfachem Seegen herabströmen. Leb wohl Bruder! Die Stunde ruft mich zu meinen Geschäften. Sey getrost, Israel! (ab).

Fünftes Gespräch.
Karl, Israel.

Karl. O Edler! die Stärke deiner Tugend giebt mir neuen Muth. (Ruft) Johann! Johann!

Joh. Was befehlen Eur Gnaden?

Karl. Gieb mir dort die Rolle Geld her.

Joh. Gnädiger Herr! Sie verzeihen. Dieses Geld ist zusammengezählt für die Pferde, die Sie sich und der Herr Bruder kaufen wollen.

Karl.

Karl. Du hast recht; aber Johann, komm ein wenig bey Seite. Sieh einmal diesen Elenden an, und eine Familie von 6 Kindern; mit der Helfte dieses Geldes können sie viele Monate leben, und wir sollten uns Pferde kaufen; nein Johann, wir wollen lieber zu Fuße gehen. Gieb dem Juden davon nach seinem Bedürfnisse, aber er soll mir nicht danken. Eile, leb wohl Israel, leb wohl! (ab).

Sechstes Gespräch.

Israel. Johann. Baron Klett. (Als Israel hinaus geht, geht gegen ihn Baron Klett herein).

Klett. Was trift man doch nicht bey Jhnen alles an — Juden und Christen — alles bunt untereinander — lumpigte Kerls nach der Menge. Lauter Leute, die kaum einen Fleck haben, ihren Rücken zu bedecken. Sie sollten doch solches Geschmeis nicht auf ihr Zimmer lassen. Bey mir ist der Befehl von früh Morgens bis Nacht, niemanden zu melden.

Karl. Sie haben unrecht, Herr Baron! arme Partheyen muß man anhören.

Klett. Was anhören — das kann ich mir wohl alles einbilden. Und der Jud da — der sah wahrhaft so ekelnd aus.

Karl

Karl. Wissen Sie was, Herr Baron, der Mensch hat nichts anzulegen, schaffen Sie ihm einen Rock.

Klett. Da hätt' ich wahrhaft viel zu thun, wenn ich alle diese lumpigte Kerls kleiden müßte.

Karl. Wenn Sie ihm also nichts geben, so schmähen Sie auch nicht über ihn. Dieser Mensch hat zwar ein lumpigtes Kleid an, aber er hat eine schöne Seele. Es giebt Menschen, die schöne Kleider haben, aber lumpigte Seelen.

Klett. Ein excellenter Gedanke! Sie haben vollkommen recht. Aber, lieber Baron Reben, sprechen wir von andern Dingen. Ich komme zu Ihnen in einer verteufelten Verlegenheit; Sie müssen mich aus einem Ambarras ziehen, in dem ich darinn stecke bis über die Ohren. Hier hab ich ein ganzes Gewäsche von Prozeß im Sack, und ich weiß wahrhaft nicht, wo der Kopf und der Schweif ist. Ich bin in der That so wenig zu dem juridischen Gezeug aufgelegt, daß es mir angst und bange wird, wenn ich nur von weitem einen Akt sehe. Wollten Sie mich nicht, lieber Reben, aus dieser Verlegenheit reißen, und mir eine Relation machen, damit ich sie künftige Woche herablese. (Er zieht eine Menge Papiere aus der Tasche).

Karl. Lassen Sie doch sehen.

Klett.

Klett. Hier sind sie.

Karl. Wie das Papier doch so schmutzig aussieht. Ich wette, Sie tragen es schon einige Monate im Sacke herum. Und das Präsentatum ist ja schon 3 Monate alt? — Was treiben Sie denn Baron Klett? — Sie lassen ja Ihre Partheyen erhungern? —

Klett. Was kann ich dafür, daß mein Advokat schon so lange abwesend ist, der mir meine Relationen schmiedet. Den Mann sollten Sie kennen — das ist ein Jurist von oben bis unten — dafür bezahl ich ihn auch treflich.

Karl. Sie scherzen Baron. Sie werden sich ja ihre Relationen nicht von einem Advokaten schmieden lassen? Das wär' ja erbärmlich! Welcher Ungerechtigkeiten würden Sie sich nicht theilhaftig machen? — Sie sind ein Kavalier, der zu leben hat — verlassen Sie diese Stelle, Sie sind nicht dazu gemacht.

Klett. Unter uns gesagt, es ist wahr, denn ich verstehe von dem juridischen Gezeuge keine Sylbe; aber verlassen kann ich die Stelle nicht, denn man muß ja doch einen Karakter haben. Franz! sagte mir die Mama von Jugend auf, studiere mir nicht zu viel, du hast doch Brod zu essen; und ich folgte auch meiner Mama treulich. Dein Vater, setzte sie dann hinzu, dein
Groß=

Großvater, und dein Urgroßvater hatten auch nicht soviel Verstand, und hatten doch gute Aemter, und sie hielten sich auch gute Schreiber.

Karl. Das mag wohl manchmal gut seyn; aber im Rathe — da kann ja doch ihr Schreiber nicht für Sie votiren — da gehört eignes Gefühl, eigne Wissenschaft dazu. Sie müßen oft schon in einer schrecklichen Verlegenheit gewesen seyn.

Klett. Ich in Verlegenheit? Nein, nicht im geringsten. Der Advokat, bey dem ich meine Jura studierte, hat mich alle die Vortheile auswendig lernen laßen, die mich aus aller Verlegenheit ziehen.

Karl. Worinn bestehen denn diese Vortheile?

Klett. Sie bestehen darinn, daß, wenn ich nicht weiß, was der Proponent gesagt hat, und die Reihe zu votiren an mich kömmt, so sage ich: verstanden mit dem Herrn Proponenten; nichts zu erinnern; ich trete der vorigen Meinung bey; ich habe die Sache nicht recht eingenommen.

Karl. Das letzte ist noch das beste; aber das erste ist Unsinn und Ungerechtigkeit. Was Sie mir doch sagen! — Wißen Sie, daß Sie über

Haab

Haab und Gut, Ehre und Leben ihrer Mitbürger votiren? Daß oft das Wohl einer ganzen Familie von dem Votum eines Einzigen abhangt? Und Sie können die wichtigste Sache der Welt so geringschätzig behandeln? — O Herr Baron, ich bitte Sie, quittiren Sie ihre Stelle, Sie sind es in ihrem Gewissen schuldig. Halten Sie um eine andere Stelle an, wozu Sie Fähigkeiten besitzen.

Klett. Ja Sie haben leicht zu reden; ich habe mich schon hin und her besonnen, und weiß nicht recht, welche Stelle für mich paßt. Eine Stelle die weniger trägt als 2000 fl. nehme ich nicht an.

Karl. Es ist hier die Rede von den Fähigkeiten, nicht von dem Gelde, Herr Baron.

Klett. Wozu glauben Sie mich denn fähig?

Karl. Das weiß ich eben nicht. Dieses müßen Sie selbst nach ihren Kenntnißen abmeßen.

Klett. Bücher und Meister hab ich in allem gehabt, und wenn die Sache darinn besteht, bin ich zu allem fähig. Ich hab eine große Bibliothek; da sollen Sie mir keinen Dienst geben, wo ich nicht ein Buch finde, darinn nicht etwas von dem Dienst geschrieben steht, wenn ich mir nur die Mühe geben wollte nachzuschlagen — aber im Ball schlagen — da nimmt es niemand mit mir auf. **Karl.**

Karl. Haha! Lieber Baron! so müssen Sie sehen, daß Sie Oberstballmeister werden können. Aber die Zeit zum Rath rückt an; ich muß Sie verlassen. Johann meinen Degen und Hut.

Klett. Ich will Sie begleiten — aber die Ausarbeitung meines Akts nicht zu vergeßen.

Karl. Gewiß nicht; mich dauert die arme Parthey zusehr, als daß ich sie vernachläßigen sollte. Baron Klett, Sie sind doch ein excellenter Mensch, Sie. (geht ab).

Siebentes Gespräch.

Zimmer des Ministers. Der Kabinetssekretär Fritz von Reben tritt hinein mit Papieren. Fritz. Eine Weile hernach der Magister Blum.

Fritz. Nun zur Arbeit. Guter Gott! gieb meinem Geist Einsicht, und Liebe und Gerechtigkeit meinem Herzen. (Er will einen Sessel nehmen und sich setzen).

Der Magister. Guten schönen Morgen, Herr geheimer Kabinetssekretär! Freut mich, daß ich die Ehre habe, Sie kennen zu lernen. Hab viel Rühmliches von Ihnen gehört. Sie sind ein Mann, der das Herz am rechten Flecke hat, und der noch zu dem eine gute Portion Christenthum besitzt — eine Sache, die in unsern Zeiten die nothwendigste ist.   **Fritz.**

Fritz. Ich danke Ihnen, mein Herr! für ihre gute Meinung. Die Natur gab mir gesunden Menschenverstand, meine Eltern eine gute Erziehung, und Gottes Güte einen guten Willen.

Der Magist. O schöne Qualitäten! besonders heut zu Tage in diesen bösen Zeiten. Ich hoffe, wir sollen genauer miteinander bekannt werden. Se. Erzellenz der Herr Minister versprechen sich alles von Ihnen.

Fritz. Ich wünsche die gute Meinung des Herrn Ministers zu verdienen: an Fleiß soll es mir nicht mangeln.

Mag. Und was ich für ihr Wohl werde thun können, das will ich auch nicht versäumen. Sie wissen wohl, wer ich bin.

Fritz. Ich habe die Ehre, Sie als einen Freund des Herrn Ministers zu kennen.

Mag. Als einen devotesten Diener Sr. Erzellenz. Hauptsächlich aber bin ich Sr. Erz. Haustheolog.

Fritz. Eine wichtige Stelle! —

Mag. O gewiß wichtig, und mit vielen Unannehmlichkeiten begleitet. Unter uns zu sagen liegt die Bürde der Regierungsgeschäfte hauptsächlich auf mir. Das Gewissen regiert Fürsten und
Minister,

Minister, und ich das Gewissen, denn wo es Anstände giebt, wendet man sich an mich. Ergo. Eben komme ich heut seiner Erzellenz demonstrative zu zeigen, daß er optima conscientia etwas thun kann, wobey ihm sein Herz einigen Skrupel gemacht hat. Wenn Sie ebenfalls einen Anstand haben sollen, wenden Sie sich nur directe an mich, oder auch indirecte.

Fritz, (Bey Seite). Ich weiß nicht, was ich aus diesem Menschen machen soll. Entweder geht es in seinem Kopfe nicht richtig zu, oder er ist einer der ersten Hypokriten.

Mag. Sie sehen mich so wunderlich an, als wüßten Sie nicht, was Sie von mir halten sollen.

Fritz. Ich gesteh es Ihnen offenherzig, Sie haben mich in Verlegenheit gesetzt.

Mag. Ich will Ihnen mehr Licht in der Sache anzünden. Sie wissen, es giebt mancherley Vorfälle an Höfen, wodurch unser Gewissen— und unser Gewissen ist ja doch alles, — leicht kompromittirt werden kann. Ein unruhiges Gewissen ist die höchste Pein; man braucht daher Rath und Hilfe, und darinn thut es mir keiner bevor. Ich demonstrire Ihnen was recht und unrecht ist ad amussim.

Fritz.

Fritz. Wenn ich Ihnen offenherzig sagen darf, Herr Magister, so muß ich Ihnen gestehen, ich halte wenig auf Demonstrationen. Der beste Gewissensrath ist unser Herz, und reiner Wille der beste Haustheolog. Die Gebothe des Herrn sind die Basis meiner Handlungen, Liebe des Nächsten der Grund, auf den ich baue; meine Richtschnur: Was du nicht willst, daß man dir thue, das thue auch keinem andern.

Mag. Alles das Ding ist gut, aber es giebt intrikate Fälle, wo man distinquiren muß.

Fritz. Unser Herz muß einfältig seyn wie die Natur, und unsre Handlungen einfach wie die Lehre des Stifters unsrer Religion; der distinquirte nicht, seine Reden waren kurz, abgebrochen, aber wahr; wohl aber distinquirten die Pharisäer. Ich für mich handle nach dem gesunden Menschenverstande, nach den einfachen Grundsätzen meines Evangeliums, und bin damit zufrieden.

Mag. Alles gut und treflich; aber nur nicht auf alle Fälle anwendbar. Hier ist gleich ein Fall; lesen Sie. (Er überreicht ihm ein Papier).

Fritz. Ich hab die Sache gelesen; sie ist mir bekannt. Sie betrift den armen Pastor Rott; der Herr Minister übertrug mir das Referat, und ich hab es bereits aufgesetzt. **Mag.**

Mag. Vermuthlich werden der geheime Kabinetssekretär der nämlichen Meinung seyn, wie ich.

Fritz. Nein, Herr Magister! unsere Meinungen sind himmelweit unterschieden.

Mag. Wie das?

Fritz. Sie wollen den Pastor Rott unglücklich machen, ihn von seinem Amt entfernen, und das will ich nicht.

Mag. Behüte Gott! ich will ihn nicht unglücklich machen — strafen will ich ihn für sein leckes Unternehmen, denn mir scheint, er sey ein heimlicher Deist, er verbreitet Grundsätze, die der Religion entgegen sind, und das ist gewiß höchst strafbar.

Fritz. Mein Herr Magister! Sie beurtheilen die Sache von einer ganz unrechten Seite. Es mag wohl die Wärme des Herzens den bedauernswürdigen Pastor manchmal zu undeutlichen Ausdrücken hingerissen haben — aber daß er ein blosser Deist sey, das kann ich wirklich nicht finden. Verbrechen, mein Herr Magister, verdienen freilich Strafe; aber unwillkührliche Fehler verdienen bey redlichen Leuten nur Warnung oder Ahndung, und dieses ist hier der Fall. Sie wollen einen Mann von seiner Stelle entfernen, in

der

der er schon so viel Gutes gewirkt hat. Er ist in der Gegend bekannt; alles liebt ihn; sagen Sie mir, Herr Magister, sind wir denn nicht alle Menschen, die fehlen können? Kann ein einziger Fehler jahrelange Verdienste vertilgen? Sagt uns das das Christenthum? Wer je gesunden Menschenverstand hat, kann einsehen, daß der Mann in der Hitze seiner Phantasie manchen zweydeutigen Ausdruck hinschrieb. Warum will man alles verbittern und verunglimpfen? Mich däucht, eine Ahndung wäre genug Strafe für ihn.

Mag. Diese Antwort hätte ich gar nicht erwartet, Herr geheimer Sekretär. Ich vermuthete, Sie wären ein Mann, der Religion im Herzen hat, und der das Christenthum schützen würde.

Fritz. Immer Religion und Christenthum im Munde, Herr Magister, und Menschenhaß und Groll im Herzen. Den Menschen zurecht führen, ihn bessern, das sagt die Religion, nicht ihn unglücklich machen.

Mag. Ich kann nicht begreifen, warum Sie die Parthey dieses Freygeistes nehmen, dieses Erzketzers.

Fritz. Und ich kann nicht begreifen, was denn Sie die Sache angeht. Bleiben Sie bey
ihrem

ihrem Geschäfte, Herr Hausteholog, und überlassen Sie mir die Referate.

Mag. Und ich werde nicht ruhen, bis dieser Mensch von seiner Stelle ist.

Fritz. Das wollen wir sehen! und ich werde nicht ruhen, bis er wieder festsitzt. Glauben Sie denn, man kann mit Menschen wechseln, wie mit Ballen, und geschickte und redliche Leute wachsen wie die Holzbirnen an Bäumen?

Mag. Wenn es nur darauf ankömmt einen geschickten und wackern Mann vorzuschlagen, so hab ich schon einen in petto, einen würdigen, religiösen, konduitevollen Menschen, meinen Vetter, den Herrn von Lampe.

Fritz. Sieh! nun geht die Sonne für mich am Horizont auf, der redliche Pastor Rott, der soll von seiner Stelle, um dem Herrn v. Lampe Platz zu machen. Dringen Sie nicht weiter in mich, ich kenne nun ihren ganzen Charakter; Sie sind ein wahrer Hypokrit, der die Religion nur zum Deckmantel nimmt, um andern redlichen Leuten zu schaden, der, um seinen unersättlichen Nepotismus auszuführen, alle redliche Leute von ihren Stellen entsetzen möchte, um sie mit seinen Kreaturen zu besetzen. Aber Sie betragen sich,

wenn

wenn Sie glauben, Sie finden einen Mann an mir, den Sie zum Gehilfen ihrer heimtückischen Absichten brauchen könnten. Ich hasse alle diese Schleichwege; sie sind Verderben in Staaten; der ehrliche Mann geht den geraden Weg, der Wurm kriecht und schleicht; ich würde mich schämen, wenn ich mich je zu solch einem ungerechten Vorhaben könnte brauchen lassen; ich wollte lieber meine Stelle verlassen, meinen Namen aus dem Staatskalender auskratzen, als daß ich mich je zu dem Aufsatze eines unbilligen Referats würde gebrauchen lassen — nein, so will ich mich in der Stelle, in der ich bin, nie brandmarken.

Mag. Sie werden hitzig — aber bedenken Sie nur, welche Verantwortung Sie sich zuziehen, diesen Mann noch länger bey seinem Amte zu belassen, da Sie nun wissen, da ich Ihnen gesagt habe, daß er ein Mann ohne Religion ist. Sie haben daher keine Ausflucht mehr in ihrem Gewissen; am grossen Tage des Gerichs — da wird es nicht heißen, ich hab es nicht gewußt; man wird Ihnen antworten, der Magister Blum, der redliche, gutmeinende Haustheolog, der hat es Ihnen gesagt.

Friz. Ich bitte Sie doch, Herr Magister! verschonen Sie mich mit diesem albernen
Gezeuge;

Gezeuge; ich hoffe, wir werden am Tage des Gerichts nach unsern Denkarten nicht so nahe bey einander stehen. Aus was urtheilen Sie dann, daß der gute Pastor Rott keine Religion haben soll? Weil er nicht Grimassen schneidet und heuchelt? Weil er nicht in allen Häusern herumlauft, um andere Menschen zu verläumden, oder vielleicht zu ehrlich ist, seine Aufwartung bey Ihnen zu machen? — Das nennen Sie keine Religion haben; aber Sie täuschen mich nicht; ihre Selbstliebe, ihre Leidenschaften sind die wahre Ursache, warum Sie diesen Menschen verfolgen, nicht Religion, denn Religion verfolgt nicht.

Mag. O gerechter Himmel! hat mir doch auf Gottes Erdboden noch niemand solche Impertinenzen gesagt.

Frit. Sie nennen Wahrheit Impertinenz? Gehen Sie, Herr Magister, und lassen Sie mich ungestört bey meinem Geschäfte, Sie bringen mein Blut in Wallung. Von Ihnen werde ich nie lernen, was Religion ist, denn Sie haben keine, Sie sind ein dummer leidenschaftlicher Bigott — ich muß es Ihnen frey heraus sagen. Ich hasse den Unglauben wie den Aberglauben; beyde sind der Menschheit schädlich, aber kein Volk wird zum Unglauben übergehen, das nicht

ehvor

ehvor durch den Aberglauben verdorben worden ist; der Bigott, der Heuchler schadet dem Staate eben so, ja noch mehr als der Freygeist. Des letztern irrgeführte Vernunft kann wieder zurückkehren, dem ersten aber bleiben keine Mittel in dem falschen Schlafe seines Gewissens übrig. Aus Bigotten wurden Königsmörder gebildet, die freylich nicht mordeten, wie gemeine Mörder, sondern den Dolch unter heiligen Kleidern versteckten, und die Wunden, die sie der Menschheit versetzten, durch Grimassen wieder zu heilen suchten, und das Blut, daß ihre Hände befleckte, mit Crokodillzähren von ihren Dolchen wuschen. Pfui! entehren Sie nicht so das Christenthum, dieses ist von einer Würde und Größe, die der Blick eines Insekts, das in Staub kriecht, nicht erreichen kann. Ihnen aber, Herr Magister, ist nicht um Religion zu thun, so wenig als dem Tartarchan um die Verfassung unserer Polizey. Interesse, Privathaß, Kabalensucht — darinn liegen ihre Beweggründe; ich kenne die Menschen zu gut — Sie Herr Magister können mich nicht blenden. Ich verbitte mir, so lang Sie ihre Denkart nicht ändern, auf immer ihren Besuch.

Mag. Gut! ich werde Sie nicht länger belästigen. Ihr ganz ergebenster Diener (für sich)

sich) warte nur, du sollst es fühlen, was es heißt, einen Haustheologen zu beleidigen. ab.

Achtes Gespräch.
Fritz allein.

Heilige Religion! wie wirst du nicht entehrt, nicht herabgesetzt!— Im Herzen fühlt selbst der Schurke die Größe deiner Würde, obwohl er deine heilige Lehren nie in Ausübung bringt, denn fühlte er diese Würde nicht, so würde er nicht zu dir Zuflucht nehmen, die Miene der Tugend entlehnen, um den Redlichen desto sicherer zu betrügen.

Neuntes Gespräch.
Baron Rosenberg, Minister. Fritz. Der Minister tritt aus seinem Zimmer.

Minister. Guten Morgen Herr v. Reben, Sie waren schön fleißig; ohne Zweifel sind die Referate schon fertig.

Fritz. Ja, Eure Excellenz! es ist alles in Bereitschaft.

Minist. Brav, junger Mann! Sie sind thätig, fahren Sie so fort; Sie werden an mir
einen

einen Freund und den Beförderer ihres Glückes finden. Ueberreichen Sie mir die Papiere.

Fritz. Hier ist das Referat Eure Erzellenz, in Betreff des Pastor Rott.

Minist. (ließt). Gut! vortrefflich. Recht — diese Stelle ist herrlich (er liest). „Ich bin wesentlich überzeugt, daß die böse und lockere Lebensart manches Pastors, der in seinem Leben nichts geschrieben hat, mehr Aergerniß und Verführungsgefahr fürs Volk ist, als des guten Rotts Abhandlung über den Deismus, die in die Hände weniger Menschen kam. Böse Beyspiele verführen mehr als Schriften, und in unsern Zeiten sind viele Menschen durch ihren unsittlichen Lebenswandel ein öffentliches Buch der Aergerniß und der Verführung." — Bravo, junger Mann! Sie haben recht; schlechte Schriften können Schaden stiften, aber schlechte Sitten stiften noch weit einen größern. Das grosse Sittenbuch, woraus das Volk liest, ist der Lebenswandel der Grösern; wenn es da unrichtig zugeht, wie kann das Volk besser werden. Die Tugend gleicht der Sonne; ihr wohlthätiger Einfluß kommt von oben herab; böse Beyspiele an Höfen verderben die Menschen durch die Macht der Nachahmung in Hütten. — Wer des Volkes Sitten bessern will, der fange an, die Größern gut und untadelhaft zu machen. So spricht reine Philosophie, so reines Christenthum. Daher ist auch das Christenthum verhaßt, denn es sagt dem Grossen wie dem Kleinen: Dieses oder jenes darfst du nicht thun — dem Bauer in der Hütte, wie dem Fürsten auf dem Thron: Dieses ist unrecht. — Ihr Referat ist schön gearbeitet. (er unterschreibts) Was haben Sie ferner?

Fritz. Hier ist das Referat in Betreff der geheimen Kommission.

Minist. (liest) Wieder gut! Sie haben durchgehends recht. Geheime Kommissionen sind unnöthig dort, wo öffentliche Justizstellen sind, die über Recht und Unrecht sprechen. In Untersuchungen, die die Ehre und das Leben eines Bürgers im Staate betreffen, muß man der öffentlichen Gerechtigkeit nie die Hände sperren. Menschen, die die Sache von dem ordentlichen Wege auf Seitenwege leiten wollen, haben selten reine Absichten. Wer ehrlich ist, bleibt auf der Heerstrasse, der Räuber versteckt sich auf Seitenwege. Als Cromwell den guten Karl in England verurtheilen wollte, veränderte er viermal das Parlament, bis er endlich so viel Stimmen herausbrachte, die das Todesurtheil über den Unglücklichen

lichen sprachen. Sie haben recht; die Sache
muß den ordentlichen Justizweg laufen. (er
unterschreibt) Was haben Sie noch weiter?

Fritz. Hier das Referat über den Gotts=
lästerer.

Minist. (ließt) Gut! Sie schreiben mit
Wärme, man sieht, daß Ihnen die gute Sache
am Herzen liegt, ich bin zufrieden, und mit Ihnen
verstanden. Ich weiß nicht, wie es möglich war,
daß die Justizstelle auf den Tod dieses Menschen
andringen konnte. Man hat doch noch so unrich=
tige Begriffe von Verbrechen und Strafen. Die
Strafe muß immer die Besserung des Uebelthä=
ters zum Endzweck haben, sonst ist sie nicht
Strafe, sondern Rache, und rächen darf sich der
Staat nie. Aber die Bigotten werden die Nase
rümpfen, wenn wir diesen Menschen nicht zum
Tode verurtheilen. Sie erklärten ihn ja als einen
Gotteslästerer, und dürsteten schon nach seinem
Blute.

Fritz. Ja, Eure Exzellenz! Aber denken
Sie nur wie widersinnig. Der arme Mensch han=
delte mit geistlichen Bildern, sein Handel gieng
sehr mißlich, denn wer ausser dem einfältigen
Landmanne kauft noch solche Bilder; sie sind
erbärmlich schlecht gestochen — man darf sagen,

Gottes

Gottes und seiner heiligen Würde ist durch eines Pfuschers Griffel verhunzt. Der Mann verkaufte nun drey ganzer Tage hindurch nicht um einen Hellerswerth. Er ward überdrüßig, sprang mit Füßen in seine Waare, und warf seine Bilder in Stromm. Nun sollte er als ein Gottesläſterer und als ein Heiligenschänder gestraft werden.

Minist. Wie kann man doch auf solche extravagante Einfälle kommen! — Ein Mensch, der seine eigne Waare, mit der er sich ernähren muß, ins Wasser schmeißt, der muß seines Lebens überdrüßig, oder ein Narr seyn.

Fritz. So sagt mir ebenfalls mein Herz und die Vernunft.

Minist. Wir wollen hinschreiben, daß er leben soll. (er schreibt). Aber bey höchster Strafe soll er nicht mehr mit geistlichen Waaren handeln; wir wollen ihm aber einen bessern Handel verschaffen. Zum wenigsten einen solchen, wo er nicht ausgesetzt ist, lebendig verbrannt zu werden, wenn ihn die Lust anwandeln sollte, seine Waare ins Wasser zu werfen.

Fritz. Eure Erzellenz sind gerecht.

Minist. Aber sagen Sie mir, lieber Freund, wie ist es doch möglich, daß man so schief urtheilen kann.

Fritz.

Fritz. Eure Erzellenz haben mehr Menschenkenntniß als ich; Sie haben mehr Erfahrung, mehr Einsicht; sind lange am Hofe, und werden die Gewalt wissen, die die Leidenschaft über schwache Köpfe hat. Ich hab die Zeit über, als ich in Hofdiensten stehe, nur soviel beobachtet, daß ein grosser Theil von Menschen aus Erzheuchlern besteht. Der kleinsten Sache willen ließen sie einen andern am langsamen Feuer braten, wenn sie sich nur dadurch den Schein geben könnten, als wären sie im Herzen besser als andere. Die Zeloten, die Eiferer ohne Licht, die sind die Kanibalen in unsern Ländern, denn ihre Unduldsamkeit würde morden und tödten, wenn sie nur Gewalt hätte.

Minist. Sie haben recht; aber sagen Sie mir lieber Neben; mich däuchte ja, als ich noch in meinem Zimmer war, sie disputirten hier etwas heftig — war vielleicht mein Haustheolog bey Ihnen?

Fritz. Ja, Eure Erzellenz.

Minist. Der Mensch hat Sie gewiß grob beleidigt.

Fritz. Wenn so ein Ding, das sich Mensch nennt, ein anderes Wesen, das Mensch ist, beleidigen könnte, ja. Ich bin aber über das hinaus.

aus. Ich sehe diese Art von Menschen als Thiere an, die ausschlagen. Wenn ich sie einmal kenne, so hüte ich mich, ihnen nahe zu kommen; verletzen sie mich von Ungefähr, so denk ich, im Gottes Namen; mancher ehrliche Mann bekam einen Tritt von einem Roß. Fodert es aber meine Pflicht, daß ich mit ihnen zu thun haben muß, so hab ich auch eine derbe Knutte, und ich will einem nicht rathen, daß er mir an die Beine klopft.

Minist. Sie gefallen mir durch ihr offenes Wesen. Aber soviel Sie Kopf und Herz haben, so sind sie nicht für den Hof geschaffen. Ich wünschte, Sie hätten mit dem Magister nicht gezankt. Solche Leute müßen Sie auf eine ganz andere Art behandeln.

Fritz. Eure Exzellenz! ich bin jung, und will mich gern belehren laßen.

Minist. Wackerer Mann! Es giebt Menschen an Höfen, deren Charakterzüge Sie nicht in der einfältigen Natur finden, sondern nur in der höchstverdorbnen. In diese Klaße von Menschen gehört auch der Magister; er rühmt sich, und macht sich groß, als wär er mein intimster Freund. Die Welt glaubt es auch, und urtheilt, er hätte bey mir einen groſſen Einfluß; ich aber

verachte

verachte diesen Menschen im Grunde meines Herzens; ich kenne das Innerste seiner Seele, aber nie laß ichs ihn merken, daß ich es kenne. Ich weiß, daß er ein Heuchler ist, er glaubt aber, ich halte ihn für einen Heiligen. Solche Menschen muß man so behandeln, denn dieser ist der einzige Weg, ihnen viel zu schaffen zu geben, und sie selbst durch eigene Kraft zu schwächen; die Kröte tödtet man durch ihr eigenes Gift. Der Magister macht den Heuchler; und wenn er böse Absichten durchsetzen will, so spricht er mir immer von Gewissen und Religion; wenn ich nun seine Schliche merke, so gieb ich ihm so viel Zweifel und Anfragen aufzulösen, die er mir alle schriftlich beantworten muß, und bis er mit seinen Dissertationen, Distinktionen und Demonstrationen fertig ist, so hat die Sache längst eine andere Wendung genommen. Wenn er vernünftig wäre, so würde er einsehen, daß ich ihn für einen Narren halte, das läßt aber sein Solz nicht zu. Lassen Sie mein Freund den Narren und Schurken nie merken, daß Sie selbe als Narren und Schurken kennen, sondern behandeln Sie sie so, als wenn sie weise und rechtschaffen wären, und durch diese Klugheit können Sie oft die boshaftesten Plane vernichten, und Schurken und Narren in die größte Verlegenheit setzen, denn keiner will

als

als ein Schurke und Narr angesehen seyn. Nicht einmal hab ich meinen Haustheologen schon dahin gebracht, daß er selbst das Gegentheil meiner Absichten befördern mußte.

Fritz. Eure Exzellenz vereinigen die größte Klugheit mit Rechtschaffenheit und Tugend; ich werde ihre weise Lehren mir zu Nutzen machen, und mich nach selben bilden.

Minist. Merken Sie sich noch, was, junger Mann! Es ist keine elendere Politik, als die Politik des Lasters, denn sie ist ohne Kleid — nackt kann und darf sie nicht erscheinen, sie muß daher das Kleid der Tugend zu entlehnen suchen, und wer die Tugend kennt, weiß wohl die Person von dem Kleide zu unterscheiden. Wenn Sie am Hofe den Wolf in Schaafskleidern kommen sehen, so machen Sie keinen Lärmen, lassen Sie sich nicht merken, daß Sie wissen, daß er Wolf ist, betragen Sie sich gegen ihn, daß er glaubt, Sie sehen ihn wirklich für ein Schaaf an; nur beobachten Sie ihn, separiren Sie ihn von den übrigen Schaafen, damit er nicht schaden kann, und geben Sie ihm Heu, wie andern guten Schaafen zu fressen, und er ist jämmerlich geprellt, denn er möchte Lammfleisch, und darf sichs nicht merken lassen. Darinn liegt wahre Politik; der Boshafte

hafte möchte zerbersten und darf nichts sagen. Merken Sie sich dieses. — Nun eil ich nach Hof; ich werde dem Fürsten ihren Fleiß und Eifer melden. Unterdessen seyen Sie so gütig, die Leute, die noch in Vorzimmer sind anzuhören, und mir bis morgen über ihr Begehren die Referate zu verfertigen.

Fritz. Ich werde Eurer Erzellenz genau gehorchen. (Minister ab).

Zehentes Gespräch.
Fritz. Eine Weile hernach der Bediente des Ministers. Fritz klingelt.

Der Bed. Was befehlen der Herr geheimbe Referendar.

Fritz. Sind viele Leute im Vorzimmer?

Bed. Nur zwo Personen. Eine arme Frau und ein junger Mensch, der sich aber äußerte, daß er was sehr Dringendes anzubringen hätte.

Fritz. Gut! Das Dringende geht vor; der junge Mensch soll herein kommen.

Elf-

Elftes Gespräch.
Fritz. Ein junger Mensch.

Fritz. Wer sind Sie? und worinn besteht Ihr Begehren.

Der junge Mensch. (stotternd) Sie werden — — mich wohl kennen.

Fritz. Ich kenne Sie nicht; was wollen Sie — ihr Name? — ihr Amt? —

Der junge M. Mein Name ist — — mein Name ist — ja — mein Name ist — Styr; mein Amt — — ich bin geheimer — —

Fritz. Geheimer Sekretär? —

Der j. M. Ich bitte um Vergeben — — geheimer — geheimer —

Fritz. Geheimer Kanzellist? —

Der j. M. Nichts weniger, Eure Gnaden — geheimer — —

Fritz. So sagen Sie doch heraus.

Der j. M. Ich bin geheimer Denunziant.

Fritz. Geheimer Denunziaut — — was ist denn das für eine Charge? Ich will darüber im Hofkalender nachschlagen.

Der j. M. Ja, darinn ist diese Stelle nicht bemerkt. Fritz.

Fritz. Was ist denn ihr Geschäft?

Der j. M. Mit aller Ehrfurcht zu sagen, die Leute auszuspioniren.

Fritz. Also geheimer Spion.

Der j. M. Wenn Sie so wollen —— aber geheimer Denunziant ist weniger auffallend.

Fritz. Ja ja, ist weniger auffallend, aber doch immer Spion. Das ist ein abscheuliches Metier, mein Herr! Wer hat Sie dazu dekretirt? Der Fürst gewiß nicht, denn der Fürst kann unredliche Leute nicht gedulden, ich kenne sein Herz.

Der j. M. Ich bin dazu nicht dekretirt, aber man fand, daß ich die Qualitäten dazu besitze.

Fritz. Da müßen Sie elende Qualitäten haben, denn nur ein Erzschurke kann einen geheimen Spion machen; es ist jeden ehrlichen Mannes Pflicht, das öffentlich anzuzeigen, was dem Staate oder dem Fürsten nachtheilig seyn könnte, aber geheime Anzeigen schmieden, das kann nur ein Mensch, der selbst ein geheimer Schurk ist.

Der j. M. Verzeihen Eure Gnaden, ich verdiene diese Vorwürfe doch nicht. Ich bin ein armer Mensch, der nichts zu leben hat; ich glaubte dadurch mich empor zu schwingen, was thut man nicht um Brod. **Fritz.**

Fritz. Ja, es ist weniger dein Fehler, als der Fehler des Staats, denn dieser muß nie Gelegenheit geben, daß Menschen ihr Brod auf unrechten Wegen suchen. — Aber was haben Sie da für ein Papier?

Der j. M. Es ist eine Liste von verdächtigen und ihren Grundsätzen nach höchst gefährlichen Leuten, die ich übergeben wollte.

Fritz. Und hierüber deponiren Sie? Lassen Sie sehen. — Welche Menge von rechtschaffnen Menschen doch nicht auf dieser Liste steht! Wissen Sie Herr Styx, was wohl dem Fürsten übrig blieb, wenn er alle diese Leute von ihren Stellen entfernen wollte?

Der j. M. Nein!

Fritz. Nichts als Dummköpfe und Schurken. (Er zerreißt das Papier) Unterstehen Sie sich nicht mehr, mir mit solchen Listen unter die Augen zu kommen. Ihrer äußersten Armuth will ich diesen Schritt noch verzeihen. Der Weg ist unedel, sich auf Kosten ehrlicher Leute empor zu schwingen. Ich will Ihnen eine bessere Art sich zu ernähren anweisen, damit Sie nicht Ursache haben, als ein Staatsbandit den Ruf ehrlicher Leute zu morden. Kommen Sie morgen; ihre Schrift ist gut; Sie sollen als Kanzellist angestellt

stellt werden. Aber bey Leibe laßen Sie sich nicht merken, daß Sie dieses abscheuliche Handwerk nur eine Viertelstunde getrieben haben, denn sonst würde kein redlicher Mann an ihrer Seite mehr dienen.

Der j. M. Ich werde Euren Gnaden gehorchen; verzeihen Sie meiner Armuth und meiner Jugend. Vielleicht hätt ich auch diesen Schritt nicht gethan, wenn nicht der Magister Blum —

Fritz. Der verwünschte Heuchler! Es ist nicht genug, daß seine Seele im höchsten Grade verdorben ist, er will auch noch andere Menschen verderben. Leben Sie wohl! (Styx ab).

Der Bediente kömmt. Soll die arme Frau herein kommen?

Fritz. Sie soll kommen!

Zwölftes Gespräch.

Fritz. Frau v. Turnau. Turnau macht eine tiefe Verbeugung.

v. Turnau. Gnädiger Herr!

Fritz. Nähern Sie sich gute Frau! Was ist ihr Begehren? Nähern Sie sich! Seyen Sie nicht schüchtern. Was wollen Sie — sprechen Sie!

v. Turnau.

v. Turnau. Gnädiger Herr! Sie haben ein gutes Gesicht; der Ruf ist auch, daß Sie ein christlich, menschenliebender Mann sind. Ich hab eine grosse Angelegenheit, und eine gerechte Bitte meinem Fürsten vorzutragen. Eh ichs Ihnen aber sage, ehe ich meine Bittschrift überreiche, versichern Sie mich, daß, wenn mir nicht geholfen werden kann, daß Sie mein Zutrauen nicht mißbrauchen, daß Sie mich nicht unglücklicher machen werden als ich schon bin.

Fritz. Gewiß nicht, meine liebe Frau! so wahr, als ich mir auch Gnade bey Gott wünsche.

v. Turnau. Lassen Sie den Diener abtretten. (Fritz winkt ihm abzugehen). Nachdem ich gehört habe, daß der vorige Kabinetssekretär gestorben ist, und Sie gnädiger Herr — denn jedermann spricht von Ihnen gut, seine Stelle erhalten haben, so hab ich es wieder gewagt, hieher, an diesen Ort zu kommen, der mir so viele Thränen gekostet hat.

Fritz. Erklären Sie sich deutlicher!

v. Turnau. Das will ich auch. Erlauben Sie nur, daß ich mich ein wenig erhole.

Fritz. Setzen Sie sich meine liebe Frau.

v. Turnau. Es geziemt sich nicht.

Fritz.

Friz. Man setzt sich in der Kirche, wo Gott ist, warum sollen Sie vor mir nicht sitzen?

v. Turnau. Wenn Sie es also erlauben.

Friz. Erzählen Sie, ich will Sie anhören, wie ein Freund seine Freundinn anhört.

v. Turnau. Ich suche seit 8 Jahren Gerechtigkeit und kann sie nicht finden. Ich war hundertmal in diesem Hause, und konnte den Minister nie sprechen. Der verstorbene Referendär — Gott sey seiner Seele gnädig, und lasse ihm dort nichts entgelten — der verstorbene Referendär hat mir alle Wege abgeschnitten, Gerechtigkeit zu erlangen. Ich wollte dem Fürsten einen Fußfall machen, aber die Intrigue wußte mir zuvor zu kommen. Man erklärte mich als eine Närrin, und ich wurde in ein Narrenhaus gebracht, wo ich 6 volle Jahre nebst meiner Tochter, einem schönen jungen Mädchen, die Zeit meines Lebens in einem Kerker zubrachte. Nur ein Zufall, oder vielmehr Gottes Fügung will ich sagen, rührte das Herz meiner Wärterinn, ich erzählte ihr meine ganze Geschichte; sie verschafte mir und meiner Tochter eine Kleidung, und ich wagte nochmal mein Aeußerstes. Gnädiger Herr! ich falle zu ihren Füßen; können Sie mir nicht helfen, sagen Sie mir es aufrichtig, und machen

D Sie

Sie mich und meine Tochter nicht unglücklicher als wir sind.

Fritz. Stehen Sie doch auf, gute Frau! der Mensch kniet nur vor Gott!

v. Turnau. Wenn Sie mir nicht helfen können, so will ich wieder in meinen Kerker zurückkehren um die Tage meines Lebens mit meiner Tochter dort zu beschließen; können Sie aber helfen, so verlassen Sie eine Unglückliche nicht.

Fritz. Ich werde gewiß helfen, wenn es möglich ist. Reden Sie nur deutlicher.

v. Turnau. Nur noch einige Fragen: Lebt der Magister Blum noch? Hat er noch den Einfluß am Hofe, den er einst hatte?

Fritz. Er hat wenig Einfluß bey guten Leuten.

v. Turnau. Kann er Ihnen nicht schaden? Scheuhen Sie ihn nicht?

Fritz. Ich scheuhe keinen Menschen, wenn es um Gerechtigkeit zu thun ist. Ich gehe dem Insekt aus dem Wege; wenn es sich aber um meinen Fuß schlingt, so schleudere ich es in einen Winkel.

v. Turnau. O Gott! so hören Sie mich an. Unter dem Scheine der Andacht kam dieser

Magister

Magister oft in mein Haus, wo ich ruhig lebte, und die kleine Pension mit meiner Tochter verzehrte, die mir mein Fürst nach dem Tode meines Mannes anwieß. Ich hatte eine Tochter, ein liebvolles Mädchen, ganz Unschuld, ich hätte sie gut versorgen können, ein junger edler Mann warb um sie, allein der Magister wußte mir diesen Jüngling so verdächtig zu machen, daß ich ihm die Hand meiner Tochter versagte. Ich glaubte in selben Zeiten noch dem Heuchler; kurz darauf entlarvte sich der Bösewicht, er lockte meine Tochter unter dem Vorwande sie in Religionssachen zu unterrichten oft auf sein Zimmer, und verführte die Unschuldige — ich weiß nicht unter welcher Bethörung. Gnädiger Herr! ich weiß, daß wir alle Menschen und schwach sind, daß der beste nicht davon ausgenommen ist; es schmerzte mich der Zufall, aber ich hatte doch Mitleiden mit dem Fehlenden; bald entlarvte sich das heuchlerische Ungeheuer; nicht genug, daß er meine Tochter bewegen wollte, das unschuldige Geschöpf, das unter ihrem Herzen keimte, und kaum das Leben empfieng, wieder zu zerstören; er trieb seine Bosheit noch weiter — mit einem Worte gnädiger Herr! er ist die Ursache, daß ich mit meiner Tochter 6 ganze Jahre als eine Wahnsinnige verleben mußte,

mußte, damit die Welt den gottlosen Gleißner nicht entdeckte.

Fritz. Arme Frau! haben Sie Beweise?

v. Turnau. Ja, Briefe und Gezeugen.

Fritz. Gut! hier ist Geld; miethen Sie sich in einem Privathause ein Zimmer, leben Sie ruhig, verlassen Sie sich auf mich, thun Sie keinen Schritt weiter, vertrauen Sie sich niemanden; es wird Ihnen geholfen werden.

v. Turnau. Ist es aber gewiß? — Sie sind aber doch aufrichtig?

Fritz. Sie beleidigen mich empfindlich, Madam.

v. Turnau. Verzeihen Sie mir. Wer die Hofleute so kennen gelernt hat, wie ich; wer so oft durch die schmeichelhafteste Miene ist hintergangen worden, dem ist es zu verzeihen, wenn er an allem zweifelt.

Fritz. Gute Frau! wie nehm ich Antheil an ihrem Schicksale. Seyen Sie getröst, und Gott sey ihr Schutz. (Turnau ab).

Dreyzehentes Gespräch.
Fritz allein.

Abscheulicher Heuchler! Hypokrit, wie es keinen mehr in der Welt giebt! So behandelst du die Menschen. Ja es ist auch der Heucheley ganz ähnlich. So rächet sich die Natur durch Verbrechen an denen, die sich schämen Schwachheiten begangen zu haben, aber nicht Laster auszuführen. Ich vertheidige nicht die Wollust, nicht die Mädchenverführung; wer aber einmal aus Schwäche gefehlt hat, der bekenne seine Schwäche. Fehlen ist ja das Antheil der Menschen, aber im Fehlen verharren, die Eigenschaft des Teufels. Heilig sind ja die Pflichten der Natur, und es ist ja keine Schande diese Pflichten zu erfüllen, sie sind jedem heilig, welchen Rock er auch immer tragen mag.

Ende der ersten Abtheilung.

Zweyte

Zweyte Abtheilung.

Erstes Gespräch.

Ein Zimmer in dem Hause des geheimden Raths v. Mennern. Amalie. Rosalie, ihre Vertraute.

Amalie. Es geht schon gen 1 Uhr, Rosalie, und Fritz ist noch nicht hier. Noch nie blieb er so lange aus.

Rosalie. Ja, die gewöhnliche Stunde seines Besuchs ist nach 12 Uhr. Aber er wird Geschäfte am Hofe haben.

Amalie. Nicht wahr, Rosalie! Fritz ist doch ein guter Junge. Ich werde mit ihm nicht unglücklich seyn. Wie freudig ist er nicht allzeit, wenn er Gelegenheit hat Gutes zu thun; mit welcher Wärme erzählte er uns das Leiden jedes Bedrängten, wie oft hab ich ihm nicht eine Thräne von seinen Augen geküßt, die für einen Unglücklichen floß!

Rosalie. Er ist recht gut, und er liebt Sie auch unaussprechlich.

Amalie.

Amalie. Das glaubst du; ich besorge aber immer Fritzens Liebe wird mir entrissen! Wie viele Mädchen werden nicht nach ihm lüstern seyn! Sein Amt, sein Geschäft rufen ihn nun in die grosse Welt — da könnte er wohl seine Amalie vergessen.

Rosalie. Das wird er nie: Als Fritz Sie zu lieben anfieng, hat sein Herz gewählt, nicht seine Sinne. Ein schönes Mädchen kann zwar ein minder schönes verdrängen, wenn der Liebhaber bloß an der Larve hangt, wenn es aber Schönheit der Seele ist, so wird es keine Amalien bevorthun.

Amalie. Du lose Schmeichlerinn! Gut möchte ich wohl seyn, aber ich fühle, wenn ich in mein Inneres sehe, wie viel mir noch abgeht, um Anspruch auf Menschengüte zu haben.

Rosalie. Eben das beweißt Ihre Güte. Weise wird der, der anfangt einzusehen, daß er nichts weiß, und der fängt an klug zu werden, der erkennt, daß ihm noch vieles zum Guten fehlt.

Amalie. Liebe Rosalie! wenn ich heurathe mußt du mich nicht verlassen. Du hast seit dem Tode meiner Mutter, Mutterstelle an mir vertretten; ich bedarf immer deines Raths, denn ich möchte ein gutes Weib werden.

Rosalie.

Rosalie. Folgsames, liebes Mädchen! ich verlasse Sie nicht, so lang ich lebe.

Amalie. Ich bin dir so viel Dank schuldig, Rosalie! Du hast mich christlich erzogen, und gabst meinem Herzen reine Grundsätze. Ich verdanke ihnen so viele vergnügte Stunden; da sich viele meiner Gespielinen immerzu über lange Weile beklagen, so unterhaltet mich jede Blume, jeder Vogel; ich sehe in der ganzen Natur Gottes Güte, Schöpfers Liebe, und lese in jedem Blatte Zufriedenheit. Wenn ich mit meinem Vater auf dem Lande bin, wenn Schnee die Erde deckt, Eis den Strom fesselt, so sieht mein Aug, wo es immer hinblickt, doch Naturfreude; der einsame blätterlose Baum, der rauchende Kamin der niedrigen Strohhütte, der einsame Raab, der von einer hohen Tanne seine rauhe Stimme herabschreit, alles ist Freude für mich, überall seh ich den Schöpfer, überall seine Güte. Ich gesteh es dir aufrichtig, Rosalie, mir ist es nie lieb, wenn mein Vater in die Stadt wieder zurückkehrt. Welches Vergnügen hab ich hier — Ball und Visite, Besuche, wo man anders denkt und anders spricht, sich Schmeicheleien sagt, und im Herzen tadelt; wo ein Frauenzimmer das andere wegen einer Tändeley, wegen einem Baube, beneidet und haßt. Und dann die Freude des Balls —

was

was will diese sagen?— Eine halbe Nacht in einem beständigen Taumel verträumen, und dann das Vergnügen der aufgehenden Morgensonne verschlafen, das ist ja wirklich nicht Freude. Es bleibt bey allen dem unser Herz immer so leer.—

Rosalie. Wahrhaft, gutes Mädchen! Sie denken ganz vernünftig. Auch liegt der Keim des Glückes schon in Ihnen.— Ich höre aber jemanden die Treppe herauf kommen.— vermuthlich ists der geheime Referendär.

Amalie. O ja, er ists!

Zweytes Gespräch.

Fritz v. Neben. Vorige.

Rosalie. Sie verdienen Vorwürfe, mein Herr geheimer Referendär, warum so spät?

Fritz. Geschäfte hinderten mich, Ihnen eher meine Aufwartung zu machen.

Amalie. Seine gute Freunde besuchen ist ja auch ein Geschäft, das man nicht vernachläßigen soll.

Fritz. Ja, wahrhaft, und das angenehmste Geschäft unsers Lebens; aber Menschenpflicht heißt uns oft unangenehme Geschäfte den angenehmen vorziehen.

Amalie.

Amalie. Das ist auch wahr. Ich war bekümmert um Sie, Fritz! denn Liebe ist sorglich. Vorwürfe aber kann Amalie ihrem Fritze nicht machen, weil sie weiß, daß er immer das thut, was besser und klüger ist.

Fritz. O Amalie! man soll freylich immer das thun, was besser und klüger ist; aber Amalie — Menschenherzen haben ja doch auch ihre Schwächen.

Amalie. Sie sind traurig Fritz! Ich sehe eine Thräne in ihrem Auge.

Fritz. Weinen Sie über mich, Amalie, daß ich so schwach bin, um zu weinen.

Amalie. Warum das?

Fritz. Soll man wohl weinen, wenn man gut handelt?

Rosalie. O gewiß nicht!

Fritz. Und ich weine doch darum.

Amalie. Sie sprechen räthselhaft.

Fritz. Amalie! ich fürchte Sie zu verlieren.

Amalie. Wie das?

Fritz. Ihr Vater hat den wichtigen Prozeß mit dem Juden Israel verloren, und mein Bruder war Proponent.

Amalie.

Amalie. Gott im Himmel! was Sie mir sagen. Und ihr Bruder Proponent!

Fritz. Machen Sie ihm keine Vorwürfe, Amalie! der Kampf seines Herzens war schrecklich; er hatte zwischen dem Unglücke seines Bruders und dem Unglücke einer armen Familie zu wählen. Er mußte entweder ungerecht seyn, oder seinen Bruder unglücklich machen. Bruderliebe und Gerechtigkeit lagen auf der Wagschale — o wenn Sie den Kampf seiner Seele gesehen hätten — der Unglückliche! unterliegen hätte sein Herz müssen, aber Menschenpflicht und Religion foderten mich auf ihm Muth zuzusprechen; ich mußte ihm sagen, sey gerecht, und sollt' ich auch Amalien verlieren. Sehen Sie Amalie, so kann man rechtschaffen handeln, und doch eine Thräne dabey vergießen.

Amalie. Armer Fritz! Sie verdienen durch ihre Handlung ganz Amaliens Liebe. Es ist hart, wenn sich Liebende trennen müssen; ich fühle die Härte des Schicksals in seinem ganzen Gewicht; aber Amalie wäre ungerecht, wenn sie foderte, Fritz sollte sie mehr als die Tugend lieben.

Fritz. O laß dich umarmen trautes Mädchen! und diese Thräne des Gefühls träufle auf deinen Busen, unter dem ein so edles Herz schlägt.

Rosalie.

Rosalie. O ihr guten Kinder! Die Vorsehung wird die Sache so lenken, wie es die Stärke eurer Tugend verdient.

Fritz. O Amalie! was kostete meinem Herzen dieses Opfer, das ich der Tugend brachte! Alles was ich habe, hätt' ich mit Freuden aufgeopfert, selbst mein Leben — aber dich Amalie, das war eine Prüfung, die für dieses schwache Herz zu stark war.

Amalie. Tröste dich Freund, und denke, Gott wollte es so. Er will, daß man ihm freudig das Opfer bringt, das er von uns begehrt. Er verzeiht zwar der Schwäche unsers Herzens, und dem Gefühle unsrer Seele; aber seinem Willen aufs heiligste zu gehorchen, dieses ist die höchste Pflicht, die wir dem Urheber unsers Daseyns schuldig sind.

Fritz. Die Stärke deines Geistes, Amalie! richtet meinen Muth auf. Woher, trautes Mädchen, hast du diese Stärke deiner Seele genommen?

Rosalie. Es giebt Vorfälle in der Welt, meine Lieben, in welchen die Gottheit unser Herz prüfet; gemeine Menschenphilosophie langt nicht hin, die Prüfungen mit Stärke zu ertragen; es gehört ein höherer Schwung der Seele dazu, und

diesen

diesen Schwung giebt nur die Religion, in derer Schoos wir auch die Quellen unsers Trostes finden.

Amalie. Du hast recht Freundinn! Menschentrost gleitet über unser Herz ab, wie eine Wasserquelle, die auf Stein fällt. Gottes Wort aber ist Stärkung, und schmelzt unsere Seele wie Gold, das von seinen Schlacken gereinigt ist.

Fritz. Ich höre deinen Vater, Amalie! Mich däucht, es wäre rathsamer für diesen Augenblick, wenn ich mich entfernte. Ich will zu einer andern Zeit wieder kommen.

Rosalie. Sie haben recht; die ersten Eindrücke sind die heftigsten. Man muß die erste Hitze über den Verlurst seines Prozesses verbrausen lassen. Vielleicht wird sich die Sache doch geben.

Fritz. Der Himmel füge es! Leben Sie wohl, Amalie! (Er küßt ihr die Hand) Leben Sie recht wohl!

Drittes Gespräch.
Vorige.

Amalie. Liebe Rosalie! flöße Trost in mein Herz, daß der Gedanke Fritzen zu verlieren mich nicht ganz zur Erde beuge. Komm auf mein Zimmer, wir wollen lesen.

Rosalie. Nein, wir wollen vielmehr in Garten gehen, und dort Trost im grossen Buch der Natur suchen. Kommen Sie.

Amalie. Ich folge dir willig. (beyde ab).

Viertes Gespräch.
Geheime Rath v. Mennern. Magister Blum.

Blum. Ja so ist es, Herr geheimer Rath! Kaum hab ich die traurige Nachricht erfahren, so hielt ich es für meine erste Pflicht, sie Ihnen zu hinterbringen. Kann ich Ihnen mit Trost, Beystand und Hilfe dienen, so zählen Sie ganz auf mich. Sie kennen mein Amt und meine Pflicht. Kranke besuchen, Traurige trösten, Unglücklichen Hilfe leisten, das ist meine Lieblingsbeschäftigung. Ich danke Gott, Herr geheimer Rath! daß ich nicht bin, wie die Menschen unserer Zeit, die an allem dem gar kein Vergnügen mehr finden. v. Men=

v. Mennern. Ich danke Ihnen Herr Magister für ihre Güte und Sorgfalt. Der Streich ist hart für mich.

Blum. Wirklich hart — aber das Verfahren unverantwortlich, denn da — da gieng es nicht richtig zu. Ich weiß, was ich weiß.

v. Mennern. Was wissen Sie Herr Magister! Sagen Sie mir alles, ich bitte Sie. Ich bin darauf gefaßt.

Blum. (Bey Seite). Nun meine Zunge, richte dich zur Verläumdung; sprich keck und zuverläßig. Nun ist der beste Zeitpunkt, (laut) Herr geheimer Rath, Sie werden erstaunen, wenn ich Ihnen sage, wie weit die Bosheit doch in unsern Zeiten geht. Ich für mich hätte es in meinem Leben nie geglaubt, denn ich beurtheile alle Menschen gut; was man aber mit eignen Augen sieht, daran kann man wahrhaft nicht zweifeln; ich sah — — aber nein, Herr geheimer Rath! ich will ihren Kummer nicht noch mehr vermehren; es ist besser, wenn Sie die Sache nicht wissen.

v. Mennern. Ich bitte Sie Herr Magister, sagen Sie mir, was immer Bezug auf mich haben kann. Sie sind es der Freundschaft schuldig, die Sie gegen mich äußerten.

Blum.

Blum. Ja Herr geheimer Rath, ich spreche gern, wenn ich weiß, daß das, was ich sage nützen kann; aber schwer fällt es mir doch immer, wenn eine Nachricht, die mir freylich manchmal mein Gewissen zu sagen aufträgt, einem Dritten zum Nachtheil seyn könnte. Aber Wahrheit bleibt doch immer Wahrheit. Ich sah ——

v. Mennern. Was haben Sie denn gesehen?

Blum. Ich sah mit meinen Augen heut frühe noch vor dem Rath aus dem Hause des Herrn Justizraths v. Reben, der in ihrer Causa proponirte, den Juden Israel herausgehen; er trug einen grossen Sack Geld hinein, heraus aber kam er ganz leer. Was konnte man wohl urtheilen —— freylich, er mag vielleicht ein Kommission gehabt haben — aber wenn ich meine Leute nur nicht zu gut kännte!

v. Mennern. Glauben Sie vielleicht gar mein Proponent soll bestochen worden seyn?

Blum. Das glaub ich eben nicht, denn mein Gewissen läßt nicht zu, daß ich von meinem Nächsten was Uebels glaube; aber — wenn man so die Umstände zusammen zählt, so könnte man freilich hort und da was vermuthen. Der Herr Justizrath v. Reben — erst 6 Monate Rath, und schon

schon eine Equipage bestellt (denn das weiß ich gewiß, daß er sich eine Equipage kaufen wollte) da kann man sich ja leicht denken; wo nimmt mans her; zum Dach regnets keinem das Vermögen hinein, und dann der geheime Referendarius, sein Bruder ——

v. Mennern. Nun der geheime Referendär, sein Bruder —

Blum. Ein feiner Kunde — ein Wollüstling der ersten Art, behüte zwar Gott, daß ich es sage! aber was die Leute sagen, und der gemeine Ruf. Erst gestern — erhielt ich von meinen Rapporteurs Unterricht; traf man ihn in einen Mantel verhüllt in einer gewissen Strasse an, wo eine sichere Weibsperson — aber das gehört nicht zur Sache — er mag meinetwegen ein sehr guter und redlicher Mensch seyn. Man redet freilich oft viel, aber es ist nicht allzeit alles zu glauben.

v. Mennern. Herr Magister! Wenn Sie über diesen Punkt zuverläßige Nachrichten haben, so sind Sie es in ihrem Gewissen schuldig, daß Sie mir selbe entdecken, denn ich war gesinnt dem Referendär meine Tochter zu geben.

Blum. Das waren Sie gesinnt! — um Gottes willen, wie konnten Sie doch auf diesen Gedanken

Gedanken fallen! — Ihr Fräulein Tochter würde die unglücklichste Frau werden.

v. Mennern. Was Sie mir doch sagen!

Blum. Ich gestehe es Ihnen Herr geheimer Rath, ich würde dieses Niemanden sagen als Ihnen, weil ich weiß, daß Sie ein edeldenkender und rechtschaffner Mann sind.

v. Mennern. Aber ich versichere Sie doch, mein lieber Magister Blum, daß die Familie von Reben allgemein in gutem Rufe steht.

Blum. Mein Gott! mein Gott! auf den guten Ruf ist ja heut zu Tage nicht mehr zu gehen. Wer macht denn den guten Ruf? Die Menge? — Und was ist die Menge? — Unser Eins muß man befragen.

v. Mennern. Die Familie hat doch bey Hofe grossen Einfluß, und ist geachtet.

Blum. Freilich geachtet, weil sie sich durch Intriguen pussirt hat. Der alte Vater ist ein alter Kautz, der sich zu allem gebrauchen läßt. Es sind ungefähr 2 Jahre, da hatte er ein junges Mädchen in seinem Hause; er gab es zwar für seine nahe Blutsverwandte aus, aber der Klügere weiß wohl, was er denken muß. Der Herr Minister von Rosenberg besuchte ihn in selben Zeiten

alltäg-

alltäglich; er war sein wärmster, bester Freund — aber warum? — Das kann man sich wohl einbilden. Das Mädchen heurathete bald hernach, aber weiß Gott! warum es heurathen mußte? — Bey solchen Umständen müßte man freilich ein Aug zudrücken. Eine Hand wäscht die andere; man plasirte die Herrn Söhne —— Sie werden mich ja verstehen, Herr geheimer Rath? — Aber dieses alles sub rosa, ich möchte nicht, daß die Leute in einen üblen Ruf kämen, denn Ehrabschneiden, das ist meine Sache gar nicht. (Bey Seite) Es ist zwar alles erlogen, sed semper aliquid haeret; calumniare audacter.

v. Mennern. Wär es wohl möglich.

Blum. Was ist heut zu Tag nicht möglich? Die ganze Stadt hat sich verwundert, wie der Herr geheime Rath ihr Fräulein Tochter, ein so schönes und scharmantes Frauenzimmer, diesem jungen naseweisen Burschen geben wollten. Es wäre besser, wenn Sie sich um eine ansehnlichere Parthie bewerben würden. Z. B. der junge Baron v. Klett, ein Herr von guter Familie, hübsch gewachsen, und voll Talente; ein Mann, der Geld hat, und der im Stande wäre, den Verlust ihres Prozesses zu ersetzen.

E 2   v. Menn.

v. Mennern. Das hätte ich wirklich nothwendig, denn durch den Verlurst dieses Prozesses bin ich ganz ruinirt. Ich muß eine Summa bezahlen, die mich in Verlegenheit setzt. Aber meine Tochter wird kaum den Vorschlag annehmen.

Blum. Fromme Kinder müßen ihren Eltern gehorchen. Ueberlaßen Sie mir das.

v. Mennern. Sie können mit meiner Tochter davon sprechen. Wollen Sie mir die Ehre geben, heut Mittag bey mir zu speisen, so wird es mich vergnügen.

Blum. Mit vieler Freude! Bey Leidenden seyn, und Unglückliche trösten ist immer meine Freude.

v. Mennern. Sprechen Sie unterdessen meine Tochter. Sie wird auf ihrem Zimmer oder im Garten seyn. Ich will noch einige Briefe fertigen, ehe wir zu Tische gehen. Auf Wiedersehen, Herr Magister! (ab).

Fünf=

Fünftes Gespräch.
Blum allein.

Geh nur, du alberner Thor! du glaubst, daß ich daher kam, um Antheil an dem Verlurst deines Prozesses zu nehmen? Ich komme her, das Vergnügen zu genießen, mich an deinem Kummer zu waiden. (Er zieht eine Schreibtafel aus der Tasche.) Da, auf meiner Schreibtafel stehst du noch aufgeschrieben, wie du mir einst im Vorzimmer des Präsidenten begegnet hast, mich über die Achsel ansahst, als wär ich ganz ein unbedeutendes Geschöpf. Man muß keine Gelegenheit vergessen, wo man sich rächen kann (Er schreibt in seine Schreibtafel.) Nun stehst auch du da, geheimer Referendär, und ich will deinen Namen hier nicht mehr auslöschen, bis die Beleidigung, die du mir zufügtest, gerächt ist. Wie süß ist die Rache! wie groß das Bewußtseyn seiner Macht.

Sechstes Gespräch.
Garten am Hause des geheimen Raths v. Mennern.
Amalie. Rosalie.

Rosalie. Kennen Sie diese Blume Amalie?
Amalie. Ja, sie wird Iris genennt.
Rosalie.

Rosalie. Sehen Sie doch, Freundinn, wie sorgfältig die Natur das Innere dieser Blume zu ihrer Erhaltung bewahrt. Diese drey Blätter schließen sich genau um das feine Gewebe des Kelchs der Blume, und diese drey Blätter hat die Natur im Vorrath, um sie bey der Nacht vor der Kälte zu schützen. Wie doch der Bau dieser Blume so herrlich ist!

Amalie. Wirklich herrlich.

Rosalie. Wenn nun Gott, der im Himmel ist, so viele Sorgfalt für diese Blume hat, wie gütig muß er nicht gegen ein Herz seyn, das ihn liebt! — Werden Sie nicht auf ihn hoffen, Amalie? —

Amalie. O gewiß, Rosalie!

Rosalie. Sehen Sie dort, Freundinn! den Schmetterling, wie er das Reich der Blumen durchflattert, wie freudig er das Leben genießt, und er ist doch nur ein Schmetterling. Vor kurzer Zeit war er noch Wurm, eingehüllt in eine zerbrechliche Puppe — wer sorgts für ihn, daß kein Fuß ihn zertratt? Daß kein Sturmwind ihn in Gegenden wehte, wo keine Blumen sind? — Der Urheber der Natur, und sollte dieser, der für den Wurm sorgt, für eine so gute Seele, wie Amalie ist, nicht sorgen?

Amalie.

Amalie. Was du mir sagst, Freundinn! giebt Friede und Ruhe meinem Herzen.

Rosalie. Sehen Sie dort Freundinn am Bassin die Wasserröhre — mit welcher Kraft strömmt es empor. Betrachten Sie, wie das Wasser wieder fällt, da es seine Höhe erreicht hat. So ist das Schicksal der Menschen, Amalie, Glück und Leiden — alles erreicht seine Höhe und fällt wieder; nichts ist hienieden beständig; eine kleine Wolke deckt dort der Sonne Bild, und raubt uns auf einige Minuten ihr Antlitz. So wechselt Gutes und Böses im Menschenleben ab.

Amalie. Du hast ganz recht, Rosalie! aber die ersten Eindrücke des Leidens sind doch immer hart.

Rosalie. Ja, stürmisch rauscht der Bach vom hohen Felsen herunter, zum Schrecken des Wanderers — aber bald schlängelt er sich durch blumenvolle Wiesen, wird immer ruhiger und ruhiger, bis er sich in sanftem Murmeln durch holde Gegenden fortschleicht. So ist der Schmerz, Amalie! die ersten Eindrücke des Unglücks sind stürmisch für uns, aber nach und nach verliert sich das Brausen der Wogen, ruhiger wird unser Leben, erträglicher der Schmerz. Der Fels ist

das

das Sinnbild des Widerstrebens, der ruhige Bach, das Sinnbild der Geduld.

Amalie. Rosalie! laß uns also leiden und dulden!

Siebentes Gespräch.
Magister Blum. Vorige.

Blum. Recht schön! So in heiligen Betrachtungen begriffen. Mir scheint, Sie unterhalten sich gut und angenehm.

Rosalie. Wir betrachten die Natur.

Blum. Die Natur! Man kömmt doch immer mit der Betrachtung der Natur heut zu Tage. Man muß Gott betrachten.

Amalie. Sie haben recht Herr Magister! Aber wir gelangen zur Erkenntniß Gottes durch die Erkenntniß der Natur.

Blum. Ja ja! aber alles hat seine Distinktionen. Mittelbar, concedo; unmittelbar, nego.

Rosalie. Mein lieber Herr Magister! Wir sind zu Schuldisputen gar nicht aufgelegt. Auch würde es Ihnen wenig Ehre machen, wenn Sie es mit schwachen Frauenzimmern aufnehmen wollten.

wollten. Lassen Sie uns ruhig. Amalie hat Trost nöthig, und nicht Zank.

Blum. Trost! — Ja allerdings. Ich bin eben gekommen, sie zu trösten, und zwar noch dazu auf Befehl ihres Herrn Vaters.

Amalie. Weil Sie mein Vater hieher sendet, Herr Magister! So sind Sie mir willkommen, so wenig ich auch heut zur Unterhaltung aufgelegt bin.

Blum. Das will ich hoffen, daß ich Ihnen willkommen seyn werde, denn sonst müßte ich Sie erinnern, was man ein gutes Kind nicht erinnern soll, daß man Vater und Mutter ehren muß.

Amalie. Das thu ich auch, Herr Magister!

Rosalie. Meine Freundinn, Amalie! Herr Magister! hat Ihnen begegnet, wie es einem Kinde gebührt, das Ehrfurcht für seine Eltern hat. Ich aber nehme mir die Freyheit, als Amaliens Freundinn, mit Ihnen zu sprechen, die zugleich die Ehre hat, ihre werthe Person, mein Herr Magister, ganz zu kennen, und sich daher bemüßigt findet, Sie zu bitten, uns ruhig zu lassen. Wir haben die Ehre uns Ihnen ganz gehorsamst zu empfehlen. Wenn Sie was entgegen

zu

zu erinnern haben, so schreiben Sie dieses alles auf meine Rechnung und Verantwortung. (Rosalie macht eine tiefe Verbeugung, nimmt Amalien in Arm, und geht mit ihr fort).

Achtes Gespräch.
Magister Blum allein.

So! eine feine Lebensart! Mir, dem Vertrauten des Herrn geheimen Raths so zu begegnen! Mir, dem Magister Blum — dem Haustheologen Sr. Exzellenz! — Wart nur, unverschämtes Weib! Soll dir nicht vergessen seyn. (zieht seine Schreibtafel hervor). Hier will ich dich auf mein schwarzes Täfelchen notiren. Wird schon eine Gelegenheit kommen; lange geborgt ist nicht vergessen.

Neuntes Gespräch.
Baron Klett. Magister Blum. (Während der Magister schreibt, schleicht Baron Klett hinter ihm zu, und schlägt ihn auf die Achsel).

Blum. Beym Sapperment! haben Sie mich nicht erschreckt———

Klett. Hahaha! Kann denn der Magister Blum wohl auch erschrecken?

Blum.

Blum. Mein Baron! Sie bleiben doch immer ein wahrer Kindskopf. Ich glaubte da, der Geier wäre schon hinter mir. Ich kann die verwünschten kindischen Possen nicht ausstehen.

Klett. War ja nur ichs, lieber Magister! nicht böse! Ich lauf schon eine ganze Stunde herum, Sie aufzusuchen, war in ihrer Logis und in allen Winkeln, wo man Sie suchen konnte, und fand Sie nirgends; endlich sagte man mir, man hätte Sie hieher zum Herrn geheimen Rath gehen gesehn. Ich hab Ihnen Sachen von der größten Wichtigkeit zu hinterbringen. Hier sehen Sie einen Brief (er zeigt ihm einen Brief, steckt ihn aber geschwind wieder in die Tasche) wenn Sie wüßten, woher dieser Brief kömmt, Sie würden kein so sauers Gesicht mehr machen.

Blum. Woher haben Sie diesen Brief?

Klett. Ja — das sagt man nicht sogleich. Dieser Brief hat seinen Werth — — ich hab ihn gestohlen.

Blum. Wo dann? Sprechen Sie doch.

Klett. Sie wissen ja, Magister! daß Sie mir auftrugen, daß, wenn ich dort und da in ein Haus käme, besonders zu denen v. Rebern, und

und wenn ich ungefähr ein Papierchen von Importanz kaput machen könnte, so sollt' ichs nicht vernachläßigen. Nun geschahs. Zu solchen Sachen findet man nicht allzeit Gelegenheit.

Blum. Ein Brief von dem Baron von Reben — —

Klett. Ja, und noch dazu von dem geheimen Referendär.

Blum. Und an wen?

Klett. Das ist eben der Spaß. An eine gewisse, unbekannte Madam.

Blum. Lassen Sie sehen! (Klett zeigt ihm den Brief. Blum ließt) „Der bekannten Madam einzuhändigen." Wie der Geier kamen Sie zu diesem Brief?

Klett. Der Referendär ließ ihn auf dem Zimmer seines Bruders liegen, und eh er sichs versah, husch! war er in meiner Tasche. Lassen Sie doch sehen, was darinn steht, wir wollen ihn aufbrechen.

Blum. Sachte, sachte! man geht nicht sogleich damit zu Werke. Wir müssen zuvor das Siegel betrachten, und sehen, ob wir ihn nicht auf eine feine Art aufmachen, und wieder unbemerkt zu machen können.

Klett.

Klett. Da wird man sich so viele Mühe geben.

Blum. Dafür lassen Sie nur mich sorgen. Der ist nicht der erste Brief, den ich eröfnet, dies nicht das erste Siegel, das ich nachgemacht habe. (Er sieht den Brief an). Doch er ist nur schlecht mit Oblat zugepappt; es ist gar kein Siegel aufgedrückt. Geben Sie mir ihr Federmesserchen.

Klett. Ich habe keines bey mir.

Blum. Sie werden ja doch ein Federmesserchen haben.

Klett. Zum Geier! wenn ich aber keines habe. Wozu denn ein Federmesserchen? Ich schreibe ja des Jahrs nicht zweymal. (Er reißt ihm den Brief aus der Hand und erbricht ihn). Nun ist der nodus gordius gelößt. (Er fängt zu lesen an). Was —— das —— was —— Ich kann das Geschreibe nicht lesen. Lesen Sie Herr Magister.

Blum. (Nimmt den Brief und ließt).

„Madam! trauen Sie ganz auf mich; ich „werde redlich halten, was ich Ihnen versprochen „habe. Schon ist Wohnort und Köst für Sie „und ihre Tochter bestimmt. Sie können selbst,
„wenn

„wenn Sie wollen, sich in unserm Hause verbor-
„gen halten. Ich hab alle Vorsicht getroffen,
„daß keine Seele nur das geringste vermuthen
„kann, was unter uns vorgeht. Kommen Sie
„mit Ihrer Tochter und dem Kinde, wenn es Abend
„wird. Ich will Sie an der hintern Gartenthüre
„erwarten. Leben Sie wohl! Ihr bekannter —".
Treflich! treflich! Der Brief ist ja wunderschön!
O Herzens Barönchen! Sie haben mir wirklich
ein angenehmes Geschenk gebracht. Ei ei ei! wie
wird Amalie nicht die Augen aufsperren. Das
Ding kömmt ja wie gewunschen.

Klett. Nicht wahr! Ich hab es mir schon
gedacht, ich will meinem guten Magister Freude
machen. Aber Sie müßen mir doch gestehen,
daß ich ein treflicher Kerl bin. Zu solchen Hän-
deln bin ich zu gebrauchen troz einem jeden.
Aber meinen Lohn nicht zu vergessen, Herr Magister.

Blum. Der soll nicht ausbleiben. Ich
hab ein großes Projekt vor mir, das ich mit Ihnen auszuführen gedenke.

Klett. Ein Projekt? — Und worinn besteht
das?

Blum. Sie sollen eine gute Heurath tref-
fen, und dann ein herrliches Amt bekommen.

Klett.

Klett. (lacht) Ha ha! eine Heurath — und ein herrliches Amt — das ist ja vortreflich. Und wen soll ich heurathen?

Blum. Die Tochter dieses Hauses, Fräulein Amalie.

Klett. Das ist ja ein wunderschönes Mädchen. Die heurathe ich vom Fleck weg. Aber wird Sie mich auch wollen?

Blum. Dafür lassen Sie mich sorgen.

Klett. Und die Stelle?

Blum. Sie sollen geheimer Referendarius werden.

Klett. Geheimer Referendarius? — Vielleicht die Stelle des Baron v. Reben —

Blum. Ja!

Klett. Da wird es schwer halten, mein Magister!

Blum. Nichts weniger! Man muß solche Leute entweder promoviren oder amoviren; und zu beyden hab' ich Mittel genug.

Klett. Aber Herzens Magister! Sie machen mir verflucht Angst mit ihrem geheim. Referat. Unter uns gesagt, ich weiß mich dazu nicht anzuschicken.

Blum.

Blum. Halten Sie sich nur an mich, ich will Ihnen schon genauen Unterricht geben.

Klett. Was hab ich denn hauptsächlich zu thun?

Blum. Das, was ich Ihnen sagen werde; und hiemit Punktum. Itzt entfernen Sie sich; ich möchte nicht gern, daß man uns hier in einer langen Unterredung anträfe.

Klett. Nun ja! ich verlasse mich auf Sie. (ab).

Zehentes Gespräch.
Blum allein.

Wenn nur der Bursche ein wenig mehr Verstand hätte! zu Spitzbübereyen wär er genug aufgelegt: aber dumm ist er wie eine Gans. Freilich sind Dummköpfe für uns Leute die besten, denn wir können mit ihnen machen, was wir wollen, und das ist genug. Hier kömmt aber Amalie wieder zurück. Nun ist es nöthig eine andere Miene anzunehmen.

Elftes Geſpräch.
Roſalie. Amalie. Blum.

Blum. Sie finden mich noch da in der nemlichen Stellung, wo Sie mich verließen. Ich muß es geſtehen, es war unartig von mir, daß ich Sie ehvor in ihrer Unterredung ſtörte; allein mir lag ihr Wohl ſo ſehr am Herzen, daß ich dieſe Unbeſcheidenheit wider meinen Willen begieng.

Amalie. Sieh doch Roſalie! der Magiſter iſt doch recht gut. Mir thut es leid, daß wir Ihnen ehvor etwas unfreundlich begegneten: aber wenn Sie unſere Lage wüßten, ſo würden Sie es uns zu Gutem halten.

Roſalie. Entſchuldigen Sie mich, Herr Magiſter! Jeder Menſch hat ſeine Launen.

Blum. Es hat nichts im geringſten zu bedeuten: nur wünſchte ich, daß Sie mich nicht als den wahrhaften Freund ihres Hauſes verkennen möchten.

Roſalie. Sind Sie aber das wahrhaft, Herr Magiſter?

Blum. Ob ich es bin, das ſollen Zeit und Umſtände beweiſen. Ich weiß wohl, woher das Mißtrauen kömmt, das Sie in mich ſetzen. Man

wird

wird Ihnen gegen mich üble Vermuthungen beygebracht haben, denn Feinde hab ich ja in Menge. Wo ist der rechtschaffne Mann, der keine Feinde hat? Unterdessen denken Sie von mir, was Sie wollen; ich bin es in meinem Gewissen schuldig, Sie zu ihrem eignen Besten zu warnen, und sollt ich auch darüber ihre Freundschaft ganz verlieren. Hier lesen Sie dieses Billet, (giebt Amalien den Brief, den Klett brachte, in die Hand) und handeln Sie dann nach ihrem Wohlgefallen. (Er macht eine tiefe Verbeugung, und entfernt sich).

Zwölftes Gespräch.
Amalie. Rosalie.

Amalie (Liest still für sich). Gott im Himmel! Sollte es wohl möglich seyn, daß mich Fritz so abscheulich hintergehen könnte! Aber wirklich! es ist seine Handschrift! Hier lies Rosalie!

Rosalie. Ja es ist seine Hand. Das Billet ist zweydeutig. Von Leuten, die ihrer Rechtschaffenheit wegen bekannt sind, muß man nicht gleich Arges vermuthen. Vielleicht läßt sich die Sache ganz anders auf, wenn wir bloß mit davon unterreden. Um alle kann die

der

der Magister zu diesem Briefe? — Ich kann's Ihnen nicht bergen, Amalie, der Magister ist mir immer verdächtig; ich kenne ihn schon zu lange, und weiß, welche Intriguen er mit dem verstorbenen geheimen Referendär gespielt hat.

Amalie. Was ist aber zu thun.

Rosalie. Mit Klugheit zu handeln, ohne die Ehre eines rechtschaffnen Mannes aus Uebereilung zu beleidigen.

Ein Bedienter. Gnädiges Fräulein! Die Speisen sind aufgetragen; der Herr geheime Rath erwartet Sie, wenn es Ihnen gefällig wäre zu kommen.

Amalie. Wir kommen.

Dreyzehentes Gespräch.
Haus des alten Baron v. Reben. Fritz. Karl.

v. Reben V. Unsere Mahlzeit ist vorüber, meine Söhne! Es war ein nüchternes Mahl; aber genug zur Sättigung. Wir essen, damit wir leben; wir leben aber nicht, damit wir essen. Läßt euch das immer gesagt seyn, meine Kinder.

Karl. Wir danken Ihnen herzlich, Vater! für die Nahrung.

v. Reb.

v. Reb. Vat. Laßt euch umarmen, ihr Lieben! Ihr habt also die Gewohnheit euerm Vater zu danken noch nicht vergessen. Es ist ja nicht mehr Mode.

Fritz. Leider ist es nicht mehr Mode; aber Kindern gereicht es nie zur Schande, bey jeder Gelegenheit ihren Eltern die Liebe zu bezeugen, die sie ihnen schuldig sind.

v. Reb. V. Du redest wahr, Fritz! aber vergeßt auch nie dem zu danken, den zu bitten, dem wir alles zu verdanken haben — den Vater aller Menschen. — Es ist so weit mit unsrer verfeinerten Erziehung gekommen, daß man es einem als Mangel an Lebensart anrechnet, wenn er seine Hände vor dem Tische zum Allvater der Menschen faltet. Das Gebet gehört nicht mehr zur feinen Erziehung, zum bon ton der Welt. Es ist zur Schande geworden, den zu bitten, dem zu danken, dem wir alles schuldig geworden sind. Aber ihr Lieben! laßt es euch nie zur Schande gereichen, die ersten und wesentlichsten Pflichten zu erfüllen. Solltet ihr auch zu Fürstentafeln geladen werden, so betet in euerm Herzen zu Gott; man wird euch vielleicht aushöhnen, man wird sagen, ihr seyd bürgerlich erzogen; aber laßt euch das nicht verdrießen; es gereicht euch nicht zur Schande. Schlecht muß

die

die Erziehung des Adels seyn, wenn sie die wesentlichste Pflicht des Menschen aus dem Plane ihrer Erziehung streicht.

Karl. Ihre Grundsätze, mein Vater! werden immer die unsrigen seyn.

v. Reb. Vat. Gut meine Söhne! Hört also auch noch den Rath an, den ich euch gebe, meinen Unterricht, wie ihr euch am Hofe betragen sollt.

Fritz. Aufmerksam — aufmerksam wollen wir ihre Lehren anhören.

v. Reb. V. Liebt euern Fürsten und euer Vaterland aus reinem Herzen; thut eure Schuldigkeit eurer Pflicht wegen, aber erwartet nie einen Dank. Tugend beleidigt das Laster, Fleiß die Faulheit, Vernunft die Dummheit. Rüstet euch daher mit Muth, denn ihr werdet immer gegen Anfälle von Schurken und Narren zu kämpfen haben. Geht eure eigene Wege, die Wege der Tugend und hängt euch nie an eine Kabale, nie an eine Parthey, so werdet ihr nie mit der Kabale, mit der Parthey sinken; kriecht nie, sondern behauptet immer eure Würde. der Stolze setzt nur seinen Fuß auf den Rücken desjenigen, der sich beugt, der, der gerade steht, ist in einer Stellung, die zu keinem Fußschemmel taugt. Zu

rechter

rechter Zeit reden und zu rechter Zeit schweigen wissen, ist eine grosse Wissenschaft; macht euch diese Wissenschaft eigen; die Dauer euers Glückes suchet in euern eignen Verdiensten, denkt, der Hof ist einem Baume gleich, der Stamm des Baums ist der Fürst, der Adel und die Minister sind das Laub, die Zierde des Baums, aber der Tugendhafte allein ist die Blüthe, denn nur aus der Blüthe kommt die Frucht. Die Schmeichler, die Zweyzüngler, die Bücklinge sind die Insekten, die sich ans Laub hängen, um die Blüthe abzufressen; schüttelt der Zufall der Zeit den Baum, so fällt das Laub, und mit ihm alle Insekten. Wie viel solche Blätter sah ich nicht schon fallen, seitdem ich am Hofe lebe, und wie viele Insekten kriechen itzt im Staub, die einst hoch waren — freilich nie hoch durch sich; sondern angeklammert an die Intrigue, die sie treulos von ihrer Höhe wieder stürzte. Merkt euch dieß meine Kinder! Die Tugend allein schützt euch in jedem Zufalle; die ist groß in der Hütte wie im Pallaste; hat Bosheit euern Sturz bewirkt, denn auch die Tugend ist an Höfen nicht frey vom Sturze, so verliert ihr nie am Staate, aber der Staat verliert an euch; ärmer werdet ihr vielleicht leben müßen, dürftiger, aber ärmer und dürftiger leben

schließt

schließt nicht aus, daß man nicht zufrieden leben kann. Merkt euch diese Grundsätze in jedem Falle!

Karl. Ihre Lehren werden uns immer unverletzlich und heilig seyn.

v. Reb. V. Nun Kinder! hab ich meine Pflichten ganz gegen euch erfüllt. Ihr seyd erwachsen und gebildet, und fähig euer eigenes Glück zu gründen. Gottes Segen wird bey euch seyn — ich nähere mich dem Grabe, und sehne mich allgemach nach Ruhe; bey welchem von euch kann ich sie genießen? Welcher wird seine Hütte mit mir theilen? und welche Hand wird meine Augen schließen?

Karl. Fern sey der Tag Ihres Todes, mein Vater! aber leben müssen Sie bey mir.

Fritz. Nein Bruder! Dieses Vorrecht will ich dir nicht überlassen. Der Vater bleibt bey mir; an Liebe sollst du mir es nicht bevor thun.

Karl. Sag vielmehr, der Vater soll bey uns beyden bleiben. Wir wollen nur eine Familie ausmachen, denn die Guten machen in der Welt ohnehin nur eine Familie aus.

v. Reb. V. Recht Kinder! Wir wollen nur eine Familie ausmachen. Werdet ihr aber mit Geduld euern alten Vater abnähren, und wieder er euch nie zur Last werden? Denn Reichthum kann ich euch nicht hinterlassen. Als ich heurathete, heurathete ich aus Liebe und nicht mit Absicht auf Geld; ich diente meinem Fürsten ehrlich, lebte von meinem Gehalt, und von seinem blassen Gehalte kann kein ehrlicher Mann reich werden. Auch half ich, wo ich helfen konnte; meine Thüre war keinem Unglücklichen verschlossen; ich befragte oft weder meinen Beutel, noch meine Umstände, sondern ich sah nur auf die dringende Noth meines Nächsten.

Karl. Sie haben wohlgethan, mein Vater!

Fritz. Sie haben gehandelt als Mensch, als Christ.

v. Reb. V. Wenn ich nach dem Sinne der Welt gedacht hätte, Kinder! hätte ich euch vielleicht Kapitalbriefe zurücklassen können; ich dachte aber nach dem Sinn der Liebe, und hinterlasse euch Danksagungen und Seegenswünsche unglücklicher Menschen.

Fritz. Sie hinterlassen uns eine reiche Erbschaft. Das Geld, das Sie der Armuth und dem Elende darreichten, war auf hohe Zinsen gelegt.

Karl. Durch Gottes Seegen werden wir diese Zinsen genießen; alle Menschen sind unsere Brüder.

Bruder, mein Vater! da Sie also einen Unglücklichen unterstützten, so halfen Sie ja auch einem ihrer Kinder. Sie waren es schuldig.

Fritz. Wenn ich nur ein Stückchen Brod hätte, wovon ich heut und morgen zehren müßte; und ein Unglücklicher käme, der gar nichts zu essen hätte, so wollte ich's mit ihm theilen, und die Sorge auf den morgigen Tag der Vorsehung überlassen.

v. Reb. V. O wie glücklich bin ich doch, daß ich solche Söhne habe! Bin ich denn nicht reicher als der Reicheste? Ich hab' euch — eine Quelle von Reichthum, die nie versiegt. Aber nun Kinder! eine Bitte an euch.

Karl. Der Vater bittet nicht.

Fritz. Nein, er bittet nicht; jedes seiner Worte ist Befehl für unser Herz.

v. Reb. V. Ihr wißt, meine Kinder, eure Mutter brachte mir 3000 Gulden zu; ich bin euch davon Rechnung schuldig. Diese 3000 Gulden lieh ich einem armen, aber redlichen Manne auf geringe Zinsen, die ich aber bisher noch nie bezog. Versprecht mir, daß ihr diesem Manne das Kapital nie auf einmal aufkünden wollet, und daß ihr euch begnüget, die Zurückbezahlung in geringen Fristen anzunehmen. Er hat viele
Kinder

Kinder; ich bitte euch um diese Gefälligkeit. Das Geld gehört euer; es ist die Erbschaft eurer Mutter.

Fritz. Geben Sie uns die Obligation, mein Vater! wir wollen sie zerreißen, wenn Sie hierüber nur eine Stunde unruhig werden können.

Karl. Ja, wir wollen sie zerreißen.

v. Reb. V. Euer Wort ist mir genug. Ich bin ruhig; nur muß ich euch sagen, meine Kinder, daß der Mann, dem ich dieses Geld lieh, der Vater meines und euers größten Feindes ist. Mißbraucht daher nie die Gelegenheit euch zu rächen.

Fritz. Rache sey fern von uns. Den lieben, der uns haßt, dem Gutes thun, der uns Böses that, das fordert unsre Pflicht, das unser Glaube.

Karl. Wer ist aber dieser Mann, mein Vater! Wer kann ihr Feind, wer der unsrige seyn?

v. Reb. V. Der Mann, dem ich das Geld lieh, ist ein Schreiner in dem benachbarten Städtchen; er nennt sich Heinrich Blum, und ist der Vater des Magister Blum, der hier am Hofe lebt.

Fritz.

Fritz. Der Vater dieses Niederträchtigen!.

Karl. Der Vater dieses Menschen, den jedermann verabscheuht!

v. Reb. V. Ja, der Vater eines Menschen, der uns alle bis in den Tod haßt; der mich und meine Familie aufreiben würde, wenn er nur Macht dazu hätte. Er haßt mich unversöhnlich; vergebens wandt ich alles an, mich mit ihm auszusöhnen. Er nahm nie Versöhnung an, gieng immer seine Wege, und hörte nie auf, mich zu verfolgen. Doch ließ es Gott noch nie zu, daß er mir schaden konnte. Er wars, Fritz! der dir dein Dekret hinterschlug; er wars, der dich bey deinem Fürsten so abscheulich verläumdete, in allen Ministers Häusern herum lief, und dich als einen irreligibsen, sittenlosen Menschen verdächtig machte; er wars, der mir viele Tage in meinem Geschäften verbitterte, weil ich mich seinen Intriguen widersetzte, die er mit dem verstorbenen geheimen Referendär ausführen wollten; er wars, der mir erst neulich noch den Untergang schwur. Leset diesen Brief, den Baron Klett neulich aus seiner Tasche fallen ließ, und den ich vor der Schwelle meiner Thüre fand. Er ists, der noch in der Stille an meinem Sturze arbeitet, weil ich mich einer auswärtigen Foderung

rung widersetzte, die mein Fürst zahlen sollte, und woran sein Geldgeiz Antheil hätte. Er ists, der sich schmeichelt es dahin zu bringen, daß ich in meinen alten Tagen von meinem Amte dimittirt werden sollte. — Kinder! ich hab euch meinen und euern Feind kennen gelehrt; ich hab euch alles gesagt; hier sind noch verschiedene Papiere, die die Beweise der abscheulichsten Intriguen enthalten, die er ausführen wollte, und die ich hinderte. Rächen hätt' ich mich längst können; aber die Rache lag nicht in meinem Herzen. Ich vertheidigte mich nur gegen seine Anfälle. Nun geb ich alles in eure Hände; die Waffen zur Rechtfertigung der Ehre euers alten Vaters, und die Dokumente meiner Redlichkeit; macht davon den Gebrauch, den der Gute macht; aber läßt nie seine Schuld Blums alten Vater entgelten, und wenn ihr auch gezwungen seyd, gegen den Magister Blum zu handeln; so vergeßt nicht Kinder, daß euch eure Religion sagt, man soll auch seine Feinde lieben. (ab).

Vier

Vierzehntes Gespräch.
Fritz. Karl.

Fritz giebt Karln den Brief. Da lies Karl und erstaune!

Karl. (liest). Ein niedriger Mensch! Ein Abschaum von allem, was schlecht ist. Was willst du thun?

Fritz. Ich will zum Fürsten — ich will ihm den abscheulichen Heuchler entlarven. Bruder! hast du den Brief an die unbekannte Frau bestellt, den ich dir gab?

Karl. Nein! ich fand ihn nicht mehr; ich glaubte, du habest ihn wieder zu dir gesteckt.

Fritz. Bey Gott nicht! ohne Zweifel hat ihn Klett, denn der war da, gestohlen. Der Niederträchtige! Welchen Gebrauch werden sie davon machen?

Karl. Der Niedrige! Er soll es mir nicht umsonst gethan haben. Aber lassen wir den Brief, und denken auf das nothwendigere.

Fritz. Ja, die Beleidigung meines Vaters und unsre Unschuld zu rächen.

Karl. Aber wir wollen uns doch nicht übereilen.

Fritz.

Fritz. Ist es nicht eine Wohlthat für die Menschheit, solche Ungeheuer zu zertretten? Sind sie nicht der Rauppe gleich, die die Blüthe vom Baum frißt? Wird es nicht des Gärtners Pflicht, daß er sie abschüttle? — Und meinen armen Vater noch in seinen alten Tagen so zu kränken! — Was er mir gethan hat, das will ich ihm leicht vergessen, aber meinen armen Vater will ich rächen. Hier wird Rache zur Pflicht.

Karl. Laß uns aber nichts unternehmen Bruder, weil unser Blut noch in Wallung ist. Vernünftige Entschlüße fodern ruhige Gelassenheit.

Fritz. Du hast recht, Bruder! Komm wir wollen ins Freye, auf Gottes offnem Felde reinere Lüfte athmen als in der Stadt; dort soll die Natur uns lehren, welche Rache unsers Herzens würdig ist.

Ende der zweyten Abtheilung.

Dritte

Dritte Abtheilung.

Erstes Gespräch.

Ein Vorzimmer in der Residenz. Juste. Baron Klett.

Bar. Klett. Was giebts neues, Mr. Juste.

Juste. Nicht viel Herr Baron.

Klett. Haben Sie nicht gehört, daß der Baron v. Neben seine Dimission soll erhalten haben? Er wird in Pension gesetzt. Es soll schon so gewiß als richtig seyn.

Juste. Ich hab nichts gehört; doch meinetwegen ist es wohl möglich. Die Parquettböden der Höfe sind sehr glatt; man fällt oft, da man am sichersten zu stehen glaubt.

Klett. Mir thut es zwar leid um den Mann; allein er hatte einen guten Posten, und wird, wenn er klug war, davon profitirt haben.

Juste. Er hatte immer den Ruf als ein sehr ehrlicher Mann.

Klett.

Klett. Es mag wohl seyn. Aber wo ist ein ehrlicher Mann bey uns, der im Schilf sitzt, und sich seine Pfeiffe nicht schneidt.

Juste. Sie reden mein lieber Herr Baron, und wissen nicht, was Sie reden. Die Ehre ist einem redlichen Manne bald genommen, aber nicht sobald wieder gegeben. Am Hofe bescheiden schweigen zu wissen ist ein größeres Verdienst als schwätzen.

Klett. Ach! wenn ich so immer um den Fürsten wäre, wie Sie Mr. Juste, ich schwätzte ihm vom frühen Morgen bis Abend immer vor; er müßte mit mir ein Vergnügen haben, wie mit einer Nachtigall.

Juste. Wie mit einem Spatzen müßen Sie sagen; denn die Vergleichung mit der Nachtigall schickt sich auf disharmonische Töne nicht. Es ist aber sehr gut, daß Sie nicht an seiner Seite sind.

Klett. Und warum das?

Juste. Es scheint mir, Sie würden vielen ehrlichen Leuten Verdruß machen. Denn Schwätzer sind am Hofe sehr gefährlich.

Klett. Hingegen würde ich mich in Ansehen setzen; man würde mich fürchten.

Juste.

Juste. Fürchten eben nicht, aber scheuhen. Einem ehrlichen Manne liegt es aber mehr am Herzen, daß er geliebt wird.

Klett. Ich sehe schon, Mr. Juste! Sie sind von der alten Welt. Ist wohl heut Komödie?

Juste. Ja!

Klett. Was wird denn für ein Stück gegeben?

Juste. Die Unterthansliebe.

Klett. Das wird wieder ein herzbrechendes Stück seyn. Da wirds wieder ein Gewinsel geben, daß man die Ohren stopfen möchte. Wenn ich die Theaterdirektion hätte, ich ließ blos Stücke zum Vergnügen aufführen. Ich gesteh es Ihnen Mr. Juste! ich unterhalte mich oft mehr bey den Marionetten als im Hoftheater.

Juste. Ich glaub es Ihnen ganz gern, Herr Baron. Sie scheinen überhaupt mehr zum Umgange mit Maschinen als mit Menschen gemacht zu seyn.

Klett. Was haben Sie gesagt, Mr. Juste!

Juste. Ich wiederholle meine Worte nicht gern.

Klett. Ist heut Assembleé?

Juste.

Jufte. Nein!

Klett. Ist Spiel?

Jufte. Nein!

Klett. Was denn?

Jufte. Nichts. Sr. Durchl. arbeiten auf ihrem Kabinette.

Klett. Gut! so will ich mich umkleiden, und eine Promenade zu Pferd machen. Adieu, Mr. Jufte! (ab).

Zweytes Gespräch.
Jufte allein.

Was doch dieß für ein albernes Geschöpf ist! Von früh Morgen an bis Nachts keinen andern Gedanken als Vergnügen; keine andere Beschäftigung als Sinnlichkeit. Frühstücken, spazierenlaufen, Billiard spielen, essen, trinken, Mädchen besuchen, ausreiten, spielen, Komödien sehen und schlafen. — Eine würdige Tagsordnung für einen Menschen! — Und zu dem allem noch so blitzdumm seyn, und doch über alles kritisiren und räsonniren wollen, und die Ehre eines ehrlichen Mannes antasten — — was heißt das? — Das heißt, weniger als Vieh seyn. Was man doch für Menschen kennen lernt! —

Drittes Gespräch.
Juste. Magister Blum.

Blum. Bon soir, Mr. Juste!

Juste. Bon soir, ebenfalls, Herr Magister Blum! Was steht zu ihren Befehlen.

Blum. Ich hätte unmaßgeblich nur zwey Wörtchen mit ihnen zu sprechen. Haben Sie den Brief und das kleine Präsent erhalten?

Juste. O ja, das Präsent und den Brief, und ist noch unerbrochen in meiner Tasche. Hier, Herr Magister, belieben Sie es wieder zurückzunehmen.

Blum. Wie das? — Ist die Sache vielleicht nicht mehr in tempore?

Juste. Sie wissen, mein lieber Herr Magister, daß, wenn ich jemanden dienen kann, so thu ich es vom Herzen gern, und ohne Bezahlung. Zu Hofintriguen aber kann ich mich nicht brauchen lassen. Auch wüßte ich nicht, warum ich einen ehrlichen Mann verläumden sollte; mein größtes Vergnügen ist, so lang ich am Hofe lebe, mir sagen zu können, daß, wenn ich einmal von dieser Schaubühne abtrette, daß ich niemanden geschadet habe. Dieses Vergnügen will ich auch mit mir in die Grube nehmen.

Blum.

Blum. Ei ei ei! es ist ewig Schade um Sie, daß sie so skrupulos sind. Sie könnten es weit am Hofe bringen.

Juste. Mit mir, mein lieber Herr Magister! ist nichts anzufangen. Ich bin ein einfacher Mensch, der seinen eigenen Gang geht, und der die Menschen am Hofe hat kennen gelernt — zwar gar nicht zu ihrem Vortheile, denn leider gewöhnt man sich durch diese Kenntniß sie zu verachten.

Blum. Ei ei ei! Monsieur Juste! das ist gefehlt. Ich dachte, Sie würden mehr Hofmann seyn.

Juste. Mein lieber Herr Magister! Offenherzig seyn ist zwar eine Todtsünde am Hofe; ich bin es Ihnen doch, und muß Ihnen gestehen, daß der Magen oft den Thermometer des Verstandes, und die Lunge den Beweiß des Gedächtnisses der meisten Menschen da ausmacht. Wünsche benebeln, berauschen, und betäuben alle; ihre Nichterfüllung stürzt sie in Verzweiflung; alle suchen die Launen des Tags zu benützen. Dieses ist der allmächtige Kompaß, nach welchem das, was heut schwarz ist, morgen weiß werden soll; allein meine Beschäftigung besteht ganz in was anderm.

Blum. Und ich wäre doch neugierig zu wissen, worinn denn diese Beschäftigung bestünde.

Juste.

Juste. An der Seite eines Dummkopfs weise zu seyn, und ehrlich an der Seite eines Schurken.

Blum. Wenn ich an ihrem Platze wäre, wollte ich die Zeit besser zu meinem Glücke benutzen.

Juste. Was soll mich reitzen? Titel und Rang? — Rang ist eine schöne Sache, um Thoren zu beschäftigen, und Titelsucht ein Narrensail, woran uns unsre Leidenschaften gängeln. Der Titel, der alle Ehrentitel übertrift, ist der eines redlichen Mannes; allein das Diplom dieses Adels wird nicht auf Pergament, sondern ins Herz des Menschen geschrieben. Suchen Sie sich einen andern Mann, Herr Magister Blum, mich können Sie wirklich nicht brauchen.

Blum. Schade! Schade! Sie könnten so trefliche Dienste leisten.

Juste. Dienen will ich gern; aber nie soll beleidigte Ehre meines Nächsten oder das Unglück des ehrlichen Mannes meine Dienste bezahlen, denn dieß ist die gewöhnliche Münze, mit welcher Leute, wie Sie sind, Herr Blum, gern bezahlen.

Blum. Nu, nu! So lassen wir es gut seyn. Eine kleine Gefälligkeit kann aber doch

immer

immer geschehen. Melden Sie wenigst den Baron v. Reben nicht, wenn er vielleicht heut Sr. Durchl. zu sprechen verlangt. Er könnte mir in einem gewissen Plane einen Strich durchs Konzept machen. Sie können ja allenfalls sagen: der Fürst spricht heut niemanden.

Juste. Das kann ich nicht. Meine Schuldigkeit ist jeden zu melden, der den Fürsten sprechen will, und lügen will ich nicht, denn die Lüge liegt nicht in meinem Charakter.

Blum. Lügen — wer sagt denn von lügen. Der Wahrheit eine kleine Wendung geben ist noch nicht lügen. Für wen sehen Sie mich an?

Juste. Für einen alten Postklepper, der sich von dem Karren seiner Leidenschaften nicht losmachen kann, den seine Laster zu Tode füttern müßen, und der daher immer die schmuzige Strasse mitläuft. (Man klingelt) Aber Sr. Durchl. rufen mich. Entschuldigung Herr Magister!

Blum. Daß doch der Geier dich und deine Ehrlichkeit hätte! (Beyde ab).

Vier=

Viertes Gespräch.
Baron v. Reben, Vater.

Es ist doch eine herrliche Sache sich sagen zu können: Ich bin mir keiner unedlen That bewußt. Ich erscheine mit heiterer Stirne vor meinem Fürsten; es mag mir begegnen, was immer will; unerwartet ist mir am Hofe nichts, denn ich kenne die Bosheit der Menschen. Ehrgeiz bey Müßiggang, Niederträchtigkeit bey Stolz, Verlangen ohne Arbeit reich zu werden, Abscheu vor der Wahrheit, Schmeicheley, Berätherey, Treulosigkeit, Hindansetzung aller seiner Verbindlichkeiten, Verachtung der bürgerlichen Pflichten, Furcht vor der Tugend des Fürsten, Hofnung auf desselben Güte, und was über dieses alles geht, die Tugend beständig lächerlich zu machen, das ist meines Erachtens der an allen Orten und zu allen Zeiten bemerkte Charakter der meisten Leute, die an Höfen leben. Was kann die Tugend unter dem Schwarm von Lastern? Etwas ist wider mich in Gährung, man geht mir aus dem Wege, man flieht mich, ein übles Prognostikon am Hofe. Nur an Günstlingen hangt alles, alles drängt sich an sie, den Gefallenen flieht man wie einen Kranken, der die Pest hat.

O wie doppelt elend ist der, dessen Glück nur im Aeußern ist, und der im Innern seiner Seele keines fühlt!

Fünftes Gespräch.
Juste, Baron v. Reben.

v. Reb. V. Sind Sr. Durchl. auf ihrem Zimmer? Ich hätte über einen Gegenstand von Wichtigkeit mit Sr. Durchl. zu sprechen. Wollten Sie wohl so gütig seyn, Mr. Juste! mich zu melden.

Juste. Vom Herzen gern, Herr geheimer Rath! Es ist meine Pflicht, und überdas ist es mir sehr lieb, daß Sie so gelegentlich kommen. Soviel ich merke, sind Sie von ihren Feinden bey Sr. Durchl. verschwäzt worden.

v. Reb. V. Verläumdung ist das gewöhnliche Schicksal des Redlichen am Hofe. Der Niederträchtige kann nicht verläumdet werden, denn man darf von ihm nur die Wahrheit sagen, und er ist genug gebrandmarkt; allein ich bin auf alles gefaßt; Sr. Durchl. sind gütig und gerecht.

Juste. Ja, das ist der Fürst gewiß, und er wird Sie anhören, und Sie werden ihre Feinde beschämen.   v. Reb.

v. Reb. V. Ich verlasse mich auf den, der die Herzen aller Menschen leitet.

Juste. Verziehen Sie einige Augenblicke, ich melde Sie.

Sechstes Gespräch.
Baron v. Reben allein.

Juste ist ein ehrlicher Mann. Es giebt wenige seines gleichen. Wie oft hätte er nicht Gelegenheit seinem Nächsten zu schaden; er thuts aber nicht. Mancher Scherz, der zur Zeit angebracht wird; manche zweydeutige Miene; manche schnackische Anekdote beym Levée kann die gute Meinung des Fürsten einen ehrlichen Manne rauben. Juste aber ist redlich; er mißbraucht diese Gelegenheit nie; es gehört wirklich ein grosses Herz dazu. O wie viele andere würden diese Gelegenheit mißbrauchen! Es ist so leicht zu schaden; aber schwer zu nützen.

Siebentes Gespräch.
Juste. Baron v. Reben.

Juste. Wenn es Ihnen beliebig ist, Herr geheimer Rath; — Sie sind angemeldet.

v. Reb. V. Ich folge Ihnen.

Achtes

Achtes Gespräch.

Das Zimmer des Fürsten. Der Fürst. Bar. v. Reben.

Fürst. Ich hätte Ursache mit Ihnen sehr unzufrieden zu seyn, Baron Reben; ich kanns Ihnen nicht bergen. Doch ist es mir lieb, daß ich Sie noch sprechen kann.

Bar. v. Reb. Gnädigster Herr! unendlich würde es mich kränken, wenn ich je Ursache Eurer Durchl. gegeben hätte, mit mir unzufrieden zu seyn, aber mein Herz ist schuldlos, und kann sich über alles rechtfertigen.

Fürst. Warum widerstreben Sie so hartnäckig meinen Befehlen? Haben Sie nicht dreymal schon meine Ordre erhalten, den Vergleich mit meinem Vetter dem Fürsten *** aufzusetzen?

Bar. v. Reb. Ja; aber Eure Durchl. werden auch meine Vorstellung erhalten haben.

Fürst. Vorstellung? — Nein; auch seh ich nicht, wie man noch hierüber eine Vorstellung machen kann. Die Foderung meines Vetters ist gerecht, und ich gewinne beym Vergleich immer die Helfte.

Bar. v. Reb. Eure Durchl. haben also meine Remonstration nicht erhalten?

Fürst.

Schst. Ich erinnere mich nicht. Aber mit ihrem ewigen Remonstriren — was können Sie denn remonstriren?

Bar. v. Reb. Das, Eure Durchl. was die Pflicht eines ehrlichen Mannes ist, der in seinen Geschäften nicht auf die Politik der Höfe sieht, sondern blos auf die Liebe und Treue, die er seinem Fürsten schuldig ist.

Fürst. Ich kenne Sie zwar als einen ehrlichen Mann; aber ihre ewigen Widersprüche und Bedenklichkeiten machen mich überdrüßig.

Bar. v. Reb Gnädigster Herr! Warum sollen Sie sich einer Schuld wegen vergleichen, die Sie schon bezahlt haben.

Fürst. Bezahlt?

Bar. v. Reb. Ja; ich fand die Quittung; hier ist eine Abschrift davon. Die Sache ist bereits seit 50 Jahren abgethan.

Fürst. Man sagte mir hievon kein Wort.

B. v. Reb. Ich glaub es wohl.

Fürst. Warum? Reden Sie!

B. v. Reb. Eure Durchl. haben zu viele Einsicht und kennen den Hof und die Menschen zu gut, als daß Sie weiterer Erklärung bedürfen.

fen. Fürsten müssen oft bezahlen, damit ihre Untergeordnete gewinnen können.

Fürst. Sollte jemand unter der Decke seyn, der vielleicht um seinen Privatvortheil durchzusetzen — —

B. v. Reb. Meine Sache, gnädigster Herr! ist zu handeln, niemanden zu beschuldigen, böse Absichten zu zerstören, aber keinen Menschen anzuklagen.

Fürst. Warum sagten Sie mir das nicht früher?

B. v. Reb. Der ehrliche Mann, gnädigster Herr! kann sich nicht aufdringen; ich hab meine Vorstellung gemacht, daß man sie Eurer Durchl. nicht überreichte, ist nicht meine Schuld.

Fürst. Sie hätten mich über die Sache sprechen sollen.

B. v. Reb. Ich wollte Eure Durchl. sprechen, aber ich konnte die Gnade nicht haben vorzukommen. Die erste Arbeit der Intrigue ist allezeit demjenigen den Weg zum Fürsten abzuschneiden, der ihm die Wahrheit aufdecken könnte. Wenn dieses nicht wäre, wie könnte sonst eine Kabale reussiren.

Fürst.

Fürst. Es ist wahr. Ich war ungehalten auf Sie; man sagte mit so vieles,— so vieles — und so wahrscheinlich — ich seh es aber ein, ich hatte unrecht.

B. v. Reb. Dieser Ausdruck zeigt die Größe und die Güte ihres Herzens. Ein Fürst wie Eure Durchl. handelt nie unrecht, ausser er wird hintergangen, und daran ist sein Herz nicht schuld. Eure Durchl. sind aber unruhig.

Fürst. Ja ich bins wirklich. (Er klingelt, Juste tritt aufs Zimmer) Daß man sogleich das Dekret zurück fodere in Betreff des Baron v. Reben, das noch auf der Expedition seyn wird. Es ist doch ein trauriges Loos, das die Fürsten haben! Umrungen von manchen feinen Betrügern wird oft das beste Herz zur Ungerechtigkeit verleitet.

B. v. Reb. Ungerecht! — nein, ungerecht kann mein Fürst nicht seyn.

Fürst. Ehrlicher Mann! ich wars wirklich gegen Sie; aber ich will es wieder gut machen.

B. v. Reb. Meine Feinde übten vielleicht Ungerechtigkeit gegen mich aus, gnädigster Herr! aber Eure Durchl. wenn Höchstselbe hintergangen worden sind, so sind Sie als Mensch hintergangen worden, und Menschen bleiben die besten

Fürsten

Fürsten auf ihren Thronen. Es wäre höchst ungerecht zu fodern, daß sie Götter seyn sollten, die in das Innerste der Herzen der Menschen sehen. Meines Fürsten Güte hat keinen Antheil an dem, was ungerecht ist. Sein Herz ist zu gut.

Fürst. O Reben! Es ist ein trauriges Geschenke um ein gutes Herz. Wo ist ein gutes Herz, das nicht seine Schwäche hat? und wird diese Schwäche nicht oft misbraucht?

B. v. Reb. Ja, es ist wahr; aber sie entehrt doch nicht, die Schwäche des guten Herzens; sie ist nothwendig, und gehört zur Empfänglichkeit sanfter Gefühle. Gute Menschen gleichen sanften Gewächsen, die in Frühlingsgegenden aufrecht stehen, aber sich leicht unter den Stürmen beugen; sie haben Stützen nothwendig, und diese Stützen sind wahre Freunde; aber wahre Freunde haben Fürsten sehr selten.

Juste. (Tritt auf) Hier ist das Dekret. (Der Fürst nimmts und zerreißts).

Fürst. Das soll ihre Genugthuung seyn, Reben, und Vermehrung ihres Gehalts. Ich danke dem Himmel, daß er mich hinderte, eine Ungerechtigkeit auszuführen. Aber nie will ich mich mehr übereilen, nie mehr über einen Menschen urtheilen, ohne ihn nicht ehvor zu hören.

B. v.

B. v. Reb. Um dieses letztere bitte ich Eure Durchl. nicht meinetwegen, sondern ihres eigenen Herzens und der Unschuld wegen, der die Intrigue alle Wege abgräbt, ihre Rechtfertigung vor den Thron des Fürsten zu bringen.

Fürst. Sie sind ein durchgehends ehrlicher Mann! Aber wie kömmt es doch, daß Sie so viele Feinde haben?

B. v. Reb. Das ist leicht zu beantworten, gnädigster Herr! Der Redliche beleidigt alle, die nicht redlich sind; der Thätige alle Faule, und der Kluge alle, die dumm sind; und Unredliche, Faule und Dumme machen ja doch den größten Haufen der Menschen aus.

Fürst. Leider! das ist nur zu wahr. Damit ich aber meine Uebereilung gegen Sie gut machen, begehren Sie eine Gnade von mir.

B. v. Reb. Ich nehme die gnädigste Zusicherung meines Fürsten an; und wenn ich Eure Durchl. bitten darf, mir eine Gnade zu ertheilen, so wäre es; die beträchtliche Pastorstelle zu Halmbach —

Fürst. Haben Sie noch einen Sohn?

B. v. Reb. Nein Eure Durchl.

Fürst.

Fürst. Für wen wollen Sie denn diese Pastorstelle?

B. v. Reb. Ich würde Eure Durchl. bitten, selbe dem Magister Blum zu konferiren.

Fürst. Und diese Gnade erbitten Sie sich von mir?

B. v. Reb. Ja, Eure Durchl.

Fürst. Für den Magister Blum! — Kennen Sie diesen Mann wohl?

B. v. Reb. Ja, Eure Durchl. ich kenne ihn durchaus.

Fürst. Meine Pflicht fodert mich auf, daß ich Sie ehrlicher Mann durch falsche Freundschaft nicht täuschen lasse. (Er überreicht ihm) ein Papier). Lesen Sie hier, und werden Sie ungeachtet dieser Schrift noch auf ihrem Begehren verharren? —

B. v. Reb. Gnädigster Herr! ich wiederhole doch meine Bitte.

Fürst. Guter Mann! Sie wollen den, der Sie unglücklich machen wollte, glücklich machen?

B. v. Reb. Das Böse mit Gutem vergelten, ist Pflicht, die mich meine Religion lehrt. Es ist wahr, gnädigster Herr! Magister Blum war seit vielen Jahren her ein geschworner Feind

meiner

meiner Familie; ich wollte ihn oft zurecht führen, ihn oft überzeugen, daß er unrecht hatte mich zu hassen, aber nie hatte ich noch eine wahre Gelegenheit; nun fügt es der Himmel, und ich hoffe, daß ich nicht allein diesen Mann zu meinem Freunde, sondern noch überdas zu einem redlichen Bürger des Staats machen will.

Fürst. Wenn Sie das können, so soll es Ihnen bewilligt seyn. Aber Sie verstehen sich wenig auf den Hof. Ich will nun das Dekret aufsetzen lassen, das der Bitte ihres guten Herzens genug thun wird, ohne der Gerechtigkeit zu nahe zu gehen, die ich als Fürst zu schätzen schuldig bin.

B. v. Reb. Ich danke Eurer Durchl. für die höchste Gnade.

Fürst. Sie haben nicht Ursache zu danken, ihre Bitte fodert mich auf, Ihnen eine andere zu ertheilen, und worinn diese bestehen soll, will ich nicht mehr Ihr Herz, sondern das meinige fragen. Leben Sie wohl, und seyen Sie ganz meiner Gnade versichert.

Neun-

Neuntes Gespräch.
Baron v. Reben allein.

Der gute Fürst! Wie sehr liebt ihn meine Seele. Gott der Güte! zu dir fleh ich um seine Erhaltung, zu dir, der du mir die seligste der Wonne gabst, deinem Beyspiele zu folgen, und dem Gutes zu thun, der mir Böses that. (ab).

Zehentes Gespräch.
Haus des Baron v. Reben. Magister Blum. Amalie, Rosalie. Geheimer Rath. Fritz. Karl.

Blum. Da kommen Sie nur alle herein, um sich sämmtlich mit eignen Augen zu überzeugen.

Fritz. Was wollen Sie denn Herr Magister?

Blum. Was ich will, das werden Sie sehen und erfahren. Ich will dieses rechtschaffne Fräulein von einem unüberlegten Schritte zurückführen, einen Gleisner entlarven, und ihr den Charakter ihres künftigen Bräutigams kennen lernen.

Karl.

Karl. Was soll das? Warum Beleidigung! Wer gab Ihnen Anlaß?

Fritz. Sie rasen Herr Magister! Sie wissen nicht, was Sie thun.

Blum. Es ist alles verrathen — wir wissen alles. Heraus mit dem Frauenzimmer, das Sie da in ihrem Hause verborgen halten — heraus, oder ich sprenge die Thüre ein (er nähert sich der Thüre).

Fritz. Zurück, unseliger Fantast! wie weit treibt dich nicht deine unbändige Leidenschaft. Aber ich weiß nicht, soll ich über dich zürnen, oder dich vielmehr bedauern. Oh! wie wollte ich dich nun im Augenblicke vor allen diesen rechtschaffnen Leuten beschämen! Wie könnt' ich mich an dir rächen, wenn ich wollte! Du selbst, Unseliger! giebst mir den Stahl in die Hand, mit dem ich dich würgen könnte — aber nein! das ist nicht meine Denkart. Wenn noch ein Funke von Redlichkeit in deinem Herzen liegt, so will ich ihn anfachen, und du sollst wieder Mensch werden, denn es scheint, als hättest du alle Menschheit ausgezogen. Amalie! Ich stehe in ihren Augen da als ein Beschuldigter; aber Sie sind zu gerecht, um mich zu verurtheilen, ohne ehevor die Sache untersucht zu haben. Ich bitte Sie sämmtlich nur auf einige Augenblicke abzutretten und mir zu vergönnen, nur einige Worte allein mit diesem aufgebrachten Menschen zu sprechen.

Blum. Nein, das soll nicht geschehen. Glauben Sie, Sie werden mich weichherzig machen, Sie werden mich überreden können. Ah! da betrügen Sie sich. Heraus mit dem Frauenzimmer, das Sie da in ihrem Hause versteckt haben, oder ich öffne selbst die Thüre (geht wieder auf die Thüre los).

Karl. Das werden Sie bey Gott nicht versuchen. Ich lasse meinen Bruder nicht beleidigen.

Fritz. Beruhige dich, Bruder! (zu Blum) Leidenschaftlicher Mensch! du suchst mich zu beschimpfen, zu entehren, und ich suche deine Ehre zu retten. Nur ein paar Worte mit dir allein, und du wirst überzeugt seyn, daß du weit irrst. Ich bitte Sie, Fräulein Amalie, und Sie Herr geheimer Rath! entfernen Sie sich nur auf einige Augenblicke, und kann ich mich nicht ganz rechtfertigen über den Verdacht, den man Ihnen von mir beygebracht hat, so will ich nicht allein ihrer Liebe unwerth, sondern der Achtung jedes Rechtschaffnen ewig unwürdig seyn.

Geheimer

Geheimer Rath. Wir wollen uns entfernen meine Tochter. Das Betragen des Magister Blum ist in jeder Rücksicht unanständig.

Rosalie. Gewiß, im höchsten Grade.

Blum. Aber nicht weiter als ins Vorzimmer. (Alle ab, bis auf Blum und Fritz).

Elftes Gespräch.
Blum. Fritz.

Fritz. Setzen Sie sich Herr Magister!

Blum nimmt einen Stuhl und setzt sich). Nun, was haben Sie mit mir zu sprechen. Machen Sie's kurz. Lange Entschuldigungen kann und will ich nicht anhören.

Fritz. Herr Magister! Eine blinde Leidenschaft, Scheelsucht und Privathaß gegen meinen redlichen Vater und meine ganze Familie verleitet Sie seit langer Zeit zu ungerechten Handlungen, zu unedlen Vermuthungen. Wäre es denn nicht möglich uns auszusöhnen, den alten Haß abzulegen, der uns unsere Ruhe, und Ihnen ihre Vernunft raubt.

Blum. Wozu alle diese Weitläufigkeit! Rechtfertigen Sie sich, wenn Sie unschuldig sind; darauf kömmt es itzt an.

Fritz.

Fritz. Wie unverträglich sind Sie doch nicht, Herr Magister! Wenn ich also wirklich eine Handlung begangen hätte, über welche ich mir Vorwürfe machen müßte, wäre es nicht Menschenpflicht, mich brüderlich zu warnen! — Was berechtigt Sie die geringsten meiner Privathandlungen auszuspüren, mit Gewalt sich in mein Haus einzudrängen, meine Briefe stehlen zu lassen, und mich auf eine Art zu behandeln, die in jeder Rücksicht unanständig ist. Wie verträgt sich diese Denkart mit ihrem Stande, mit ihrer Würde. Wo ist der Mensch, der nicht fehlen kann? Haben Sie sich nichts vorzuwerfen, Herr Magister? — Fehlen ist menschlich, Fehler sind das Antheil unserer Schwäche. Der Mensch fehlt, und wird durch seine Fehler wieder klug; aber der Satan verharrt im Fehlen, und schreitet vom Verbrechen zum Laster.

Blum. Hab ich es nicht errathen, daß Sie mich gern weichherzig machen wollten; aber das soll nicht geschehen, wenn Sie auch all ihrer Wohlredenheit aufböten.

Fritz. Ja, ich möchte dich weichherzig machen, nicht meinetwegen, nicht um meines Vaters willen, den du, so lang du lebst, nieder=

niederträchtig verfolgt hast, nein deiner selbst wegen möcht ich dich weichherzig machen, die abscheulichen, feindseligen Neigungen der Menschen-Verfolgung aus deinem Herzen vertilgen, und dich der Menschlichkeit wiedergeben, das möchte ich. Nun will ich dein Herz unter die Presse legen, und wenn sich itzt keine Thräne des Gefühls in dein Auge drängt, so mußt du härter als ein Stein seyn. (Fritz zieht einige Papiere aus der Tasche, und überreicht sie ihm). Hier ließ! Hier sind Beweise aller deiner Niederträchtigkeiten, die du durch eine Reihe von Jahren begangen hast. Du bist verloren, wenn ich sie zu den Thron des Fürsten bringe. Aber sieh! ich zerreiße die Denkmäler deiner Verirrungen; ich glaube, es lodert noch ein Fünkchen Menschengüte in dir, ich wills nicht ganz ersticken. — Was siehst du mich so erstaunungsvoll an — glaubst du, ich werde dich öffentlich beschämen — dich vor diesen rechtschaffenen Leuten zu Schanden machen; nein das lehrt mich meine Religion nicht. Dich brüderlich unter vier Augen zu warnen, das ist meine Pflicht, dich auf die Wege der Tugend wieder zurückzuführen mein Wunsch, und mein Vergnügen, dir zu verzeihen. (er reicht ihm seine Hand).

Blum.

Blum. (für sich). Was wird aus mir werden!

Fritz. Du scheinst betroffen zu seyn — eine Thräne zittert in deinem Auge — o verdränge sie nicht diese Thräne, sie fließt der Menschheit zu Ehren. Hier ließ weitere Beweise deines Irrthums — sieh, wie weit du gesunken bist. Denke an das unglückliche Mädchen, das du verführtest, an das unglückliche Kind, das die Natur dir gab.

Blum. Himmel! ich bin verrathen! Nun ist es Zeit nachzugeben, und Bekehrung zu heucheln. (Er will ihm zu Füßen fallen). Um Gottes willen! machen Sie mich nicht unglücklich, ich bin verloren.

Fritz. Keine Erniedrigung! (Hebt ihn auf) Unglücklich will ich dich nicht machen; ich will dich wieder in die Arme der Menschheit zurück führen; du sollst dich mit der Tugend wieder aussöhnen.

Blum. Ich hab grausam gehandelt.

Fritz. Ja, das hast du; du hast ein rechtschaffnes Mädchen und ein liebes Kind unglücklich gemacht; du hast dir ein Weib geraubt, das dich vielleicht zärtlich geliebt hätte, in dessen Armen du die Tage des Lebens wonnevoll verlebt hättest,

die

die vielleicht deine Freundin, deine Wohlthäterin gewesen wäre; und dein Kind —— war es denn nicht dein Kind? Denke, wie es seine zarte Arme nach dir ausstreckte, wie es Vater rief, und nirgends einen Vater fand. Wäre es denn nicht auch Freude für dich gewesen, wenn du dieses Kind unter deinen Augen hättest aufkeimen sehen, als die Freude und Stütze deines künftigen Alters, und solche liebevolle Geschöpfe hast du so mißhandeln können! ——

Blum. O entfernen Sie dieses schreckliche Gemälde, das meine Seele martert; geben Sie mir den Tod, aber erinnern Sie mich nicht an meine Verbrechen.

Fritz. Zum Leben will ich dich wieder rufen; itzt warst du tod, so lang du so unmenschlich handeln konntest; du erwachst zum Leben, da eine Thräne der Reue sich in dein Auge drängt.

Blum. Ich getraue mich nicht meinen Blick mehr von der Erde zu erheben; ich bin nicht würdig, daß ich unter Menschen herumwandle — (bey Seite) ich will all meiner Verstellungskunst aufbiethen.

Fritz. Keine Verzweiflung! So lang man lebt, kann wahre Reue unsere größten Vergehungen wieder gut machen. Sey Gatte, sey Vater, sey

sey Freund, sey Mensch, und du hast alles wieder gut gemacht.

Blum. Gott! wie kann ich das, wer wird mir hiezu helfen!.

Fritz. Wahre Rückkehr zur Tugend wird dir helfen, und ich dein Freund.

Blum. Sie! ich traue mein Aug nicht mehr zu Ihnen zu erheben; Sie sind ein Engel, und der Satan kann den Anblick eines Engels nicht ertragen. — (bey Seite) Der Thor glaubt doch alles was ich sage.

Fritz. Nicht so kleinmüthig. Du bist ein Verirrter; kehre wieder zurück zur Tugend, und du bist den Guten gleich.

Blum. Was soll ich denken! Sie, der Sie mich wie einen Wurm zertretten könnten, Sie thun es nicht — Sie, der Sie sich so grausam rächen könnten, Sie rächen sich nicht.

Fritz. Meine Rache sey, dir das Böse, das du uns thatst, mit Gutem zu vergelten. (Er öffnet die Thüre). Hier empfange aus meiner Hand dein Weib, das die Natur dir gab, dein Kind, und sey glücklich! (Fritz führt die arme Frau, ihre Tochter und das Kind aus dem Nebenzimmer Blum in die Arme, die ihn umfangen).

Zwölf=

Zwölftes Gespräch.

Vorige. Die Frau, Tochter und Kind.

Blum. Ich möchte mein Antlitz vor euch verbergen. Wie hab ich mich so sehr herabsetzen können! Wie hab ich die heiligsten und sanftesten Pflichten der Natur vergessen können! O Reue martert mein Herz! Werdet ihr mir verzeihen? (Bey Seite) Gieng mir nur das Wasser nicht an die Kehle.

Die Frau. Aufrichtige Reue macht alles wieder gut.

Tochter. Richte dich auf, Unglücklicher! und genieße die Wonne Vater zu seyn. Sieh dieses Kind nahm Theil an allem unserm Kummer, den wir so viele Jahre durch ausgestanden haben. Es ist dein. Trockne die Thränen aus unsern Augen; versüße uns unser Schicksal und unsere Leiden.

Blum. O ich kann diesen Auftritt nicht aushalten. (er drückt das Kind an sein Herz) Komm an mein Herz, liebes Kind! und wenn aufrichtige Reue je ein Verbrechen gutmachen kann, so sehet an mir den Reuenden, der jeden Tag seines Lebens dahin verwenden wird, das wieder zu ersetzen, was er euch raubte. O laß dich küßen,
unschul=

unschuldiges Kind! Mein Herz ist gerührt; ich fühle, wie mächtig die Natur ist. (bey Seite) Gut, daß ihr nur nicht in das Innere meiner Seele sehen könnet.

Das Kind. Ist der mein Vater, von dem du mir oft erzehltest, daß er uns verließ, und einsperren ließ. Itzt darfst du uns aber nicht mehr verlassen, auch mußt du uns nicht mehr einsperren lassen.

Blum. Ja, ich bin der, der euch so miß‏handelte, aber meine Liebe, meine Sorgfalt soll mein Verbrechen wieder gut machen. (zu Fritz) Edler Mann! was bin ich Ihnen nicht schuldig! Aber die ganze Welt soll wissen, wer Sie sind, und wer ich war. (für sich) Geist der Verstellung, larve meine Miene mit Heucheley! (Er eilt zur Thüre und öffnet sie).

Dreyzehentes Gespräch.
Vorige. Geheimer Rath. Amalie. Rosalie. Karl. Fritz.

Blum. Kommen Sie herein — kommen Sie alle herein, und seyen Sie Zeugen meiner aufrich‏tigen Reue. Vor den Augen der edelsten der Men‏schen stehe ich da als ein Verbrecher, der nicht werth ist, sein Aug zum Himmel zu erheben; ich

war

war Jahre lang ein geschworner Feind dieser Familie, ein Verläumder, ein Lügner, ein Bösewicht, (bey Seite: und bin es noch und werde es ewig bleiben), ich kam hieher um den besten der Sterblichen unglücklich zu machen, und er —— Thränen ersticken meine Worte. (Bey Seite) Könnte ich, wie ich wollte.

Fritz. Verzeihung dem Reuenden.

Karl. (Umarmt Blum) An mein Herz! laß dir die Thräne von deiner Wange küßen, die fließt. Ewige Vergessenheit decke alles, was zwischen uns vorgegangen ist; lebe wieder auf, sey Mensch, genieße die edeln Freuden der Natur und der Freundschaft, und kein Redlicher wird dich aus seinem Zirkel ausschließen.

Amalie. O wie süß ist dieser Auftritt für mein Herz.

Rosalie. Wie rechtfertigend für den unschuldigen, tugendhaften Fritz.

Der geh. Rath. Wie ungerecht war ich gegen Sie; wie konnt' ich mich so verblenden lassen! (zu Fritz) Sie sind rechtschaffen und edel; und ich schätze es mir zur Ehre, wenn Sie Amalien, meiner Tochter, die Hand reichen.

Fritz. O Bester! wie kann ich Ihnen danken für ihre Güte! O Amalie! wie unaussprechlich glücklich bin ich!

Der

Der geh. Rath. Umarmt euch Kinder! und nehmt meinen Seegen.

Amalie. O bester Vater!

Vierzehentes Gespräch.
Vorige. Baron v. Reben. (Während sich Fritz und Amalie umarmen, kömmt Baron v. Reben hastig herein).

Bar. v. Reb. Auch meinen Seegen, denn ich gehöre auch zu dieser Gruppe! O unendliche Vorsehung, wie gütig hast du nicht alles geleitet! Wer auf dich traut, der wird nie zu Schanden.

Blum. Herr Baron, ich ——

Bar. v. Reb. Keine Entschuldigung! Was geschehen ist, soll vergessen seyn, und meiner Verzeihung, meines Vergessens versichere Sie dieser Bruderkuß, und ein Dekret vom Fürsten das, nachkommen wird. Sie können sich mit ihrer Familie nun glücklich machen.

Blum. Und Sie auch dieser (bey Seite) o könnte dich dieser Kuß vergiften!

Tochter. Der Himmel lohne Sie für alles, was Sie an uns thaten.

Bar. v. Reb. Ich that nichts als meine Pflicht, und seht ihr denn nicht, daß ich schon zum Ueberfluß belohnt bin. Amalie ist nun meine

Schwieger-

Schwiegertochter; ich lebe wieder vom neuen in meinen Kindern auf.

Blum. Belehrt von euch seh ich erst ein, worinn wahre Religion besteht, und welche Stärke die Tugend über das Herz hat. (Bey Seite) O ihr alberne Thoren, denen man weiß machen kann was man will). Verzeiht meinen Handlungen; mein Herz war nie ganz verdorben, nur verblendet war es, ich ward unter Hypokriten erzogen; Gleisnerey war alles, was man mich von Jugend auf lehrte; du mußt alles scheinen, aber nicht seyn, war das grosse Axiom, das man mir vorsagte. Ich durfte keinem Mädchen frey ins Angesicht sehen, ich durfte keine Schwachheiten begehen, aber Laster, wenn sie nur verdeckt bleiben. Alles war Aussenwerk, alles Schein; so verdarb sich mein Herz, und ich sank so tief, daß ich, um menschliche Schwachheiten vor den Augen der Welt zu verdecken, Laster ausübte. Nehmt dieses redliche, offene Geständniß als ein Zeichen meiner aufrichtigen Reue an. (Bey Seite) Guten Leuten ist doch leicht was blaues für die Augen zu machen, bin ich nur aus dem Gedränge, ihr sollt es erfahren, was Magister Blum ist.

Fritz. Der Tag Bruder, an dem ein Verirrter auf den Pfad der Tugend zurückkehrt, ist

ein

ein Festtag für den Himmel, und Engel freuen sich darüber.

Fünfzehentes Gespräch.
Vorige. Jud Israel.

Israel. Verzeihung, daß ich so unangemeldet herein komme. Aber Gottes Wunder! ich kann meine Freude nicht bergen. Man sagte mir, ich hätte meinen Prozeß gewonnen; ich weiß vor Freude nicht, was ich sagen soll. O wie glücklich sind nun mein Weib, meine Kinder.

Der geh. Rath. Ja du hast deinen Prozeß gewonnen; und noch mehr als deinen Prozeß. Durch das Betragen dieser edeln Familie gewannst du auch mein Herz, das sein Unrecht erkennt, das dir nicht allein das zahlen wird, was die Gerechtigkeit dir zusprach, sondern auch den Ersatz aller Unkosten durch die lange Zeit, seit der ich dich aufzog. Vergieb mir Israel! ich hab dich ungerecht behandelt.

Amalie Welche Stärke hat nicht die Tugend!

Rosalie. So weckt eine edle That zur andern auf.

Israel. Gottes Wunder! Ich weiß nicht vor Freude, wo ich bin.

Bar.

Bar. v. Reb. Wo wirst du wohl seyn, Israel, unter Menschen, zu deren grossen Familie auch du gehörst. Verherrliche heut mit uns diesen Tag, wir wollen alle diesen Abend beysammen bleiben, Freund und Feind, Richter und Parthey, Christ und Jude — da, wo wahre Tugend herrscht, hört aller Unterschied auf, da ist nur wahre Einheit, im grossen Reiche der Gottheit giebt es nichts als Gottes Kinder. Unter dessen Schutze, der unser aller Vater ist, wollen wir uns alle umarmen, so wie wir uns einst am Tage der Wiedervergeltung umarmen werden, um das grosse Fest der Liebe zu feiern. Liebe, darinn bestehet die Grundfeste der Religion — Liebe, darauf gründet sich all ihre Stärke. Diese versöhnt, diese gleicht aus, diese macht uns alle zu Menschen und Brüdern, zu Kindern eines Vaters, der im Himmel ist.

Sechzehntes Gespräch.
Vorige. Der Fürst.

Fürst. Dieses Fest der Liebe will auch euer Fürst mit euch feiern, ihr Lieben!

Bar. v. Reb. Wie, Eure Durchlaucht!

Sämmtl. Gott unser Fürst!

Fürst. Ich komme um mit euch Antheil an eurer Freude zu nehmen, ihr Lieben! Selten ist eure Denkart, selten die Größe eurer Tugend. Wären alle Menschen wie ihr, wie glücklich würde meine Regierung seyn.

Bar. v. Reb. Eure Durchlaucht beschämen uns.

Fürst. Hier, in eurer Wohnstätte, ihr Redlichen! will ich mich freuen, daß ich Menschen von so seltner Denkart antraf. Wie gut ist es nicht unter euch zu seyn! Ich komme zu euch, die süßeste Pflicht eines Fürsten zu erfüllen. Auf ihre Bitte, v. Reben! ist hier ein Dekret auf eine ansehnliche Pension für die unglückliche Turnau und ihre Tochter. Sie sind versorgt — für Blum aber kann ich kein Dekret der Gnade geben; er hat zu niederträchtig gehandelt.

Sämmtl. Wir haben ihm alle verziehen.

Fürst.

Fürst. Das war edel. Verzeihung ist das Werk eurer Tugend — aber ich — bin Fürst, und kann nicht zugeben, daß das Laster die Früchte seines Unternehmens einärndte. (zu Blum) Sie waren ein abscheulicher Gleisner, der sein Handwerk schon jahrelang trieb. Entfernen Sie sich vom Hofe, und meiden Sie diese Stadt. Ist ihr Herz je noch einer Besserung fähig, und haben Sie Beweise ihrer Rückkehr zur Tugend gegeben, so will ich mit der Zeit sehen, was sich thun läßt.

Sämmtl. Eure Durchl. wir bitten alle für ihn; Verzeihung gnädigster Fürst!

Fürst. Hätte er euch allein beleidigt, so wollt' ich ihm gern vergeben; er beleidigte aber die ganze Menschheit, den Staat und die Religion. Wer Menschen unter dem Scheine der Gleisnerey schaden kann, der soll nicht unter Menschen leben. Verargt mir diesen Schritt nicht; er ist selbst nothwendig zu Blums Besserung. Für Turnau und ihr Kind will ich sorgen, die Strafe des Verbrechers treffe nie die Unschuldigen. Hat sich Blum durch aufrichtige Reue mit der Tugend wieder ausgesöhnt, so will ich der erste seyn, der ihn der Menschheit wieder zurückgiebt.

v. Mennern. Ihr Ausspruch ist hart, aber er ist gerecht, mein Fürst!

Fürst.

Fürst. Mit Güte Gerechtigkeit zu verbinden ist Fürstenpflicht; es ist Pflicht des Hausvaters, daß er das Unkraut von dem Weitzen absondere. In euern Armen, ihr Lieben, will ich vergessen, was meinem Herzen schwer fällt. Bereit ist es zur Verzeihung, Gott weiß es: aber sagt, kann ich als Fürst das Laster der Tugend gleich setzen? Welchen Werth würde die Religion haben, wenn ich die Gleisnerey schützen wollte.

Der Vorhang fällt.

Aus Versehen ist hinweggelassen worden.

Zur Seite 79.

Blum. Nichts weniger. Man muß solche Leute entweder promoviren, oder abmoviren; und zu beyden hab ich Mittel genug. Vor allem aber müssen wir seinen guten Ruf verdächtig machen. Wir wollen seinen Namen mit schimpflichen Beyspielen an öffentlichen Plätzen anschreiben; schadet's ihm nicht — so verdrüßt's ihn doch, und in der Hauptsache bleibt immer was. Anonyme Briefe sind auch nicht zu verwerfen; auch wirken Pasquille — mit einem Worte; Sie müssen ihn anklagen und verläumden, wo Sie immer können.

B. Klett. Lassen Sie mich nur machen! Ich will schmähen auf ihn, wie ein Wäscherweib. Ich will sagen: Er hat eine Börse gestohlen, er hat ——

Blum. St! St! Das wäre wieder plump. Das heißt mit der Thüre zum Haus hineinfallen; man muß es feiner angehen; so verläumdet man nicht. Man muß die Leute loben, und durch das Lob verläumden, darinn liegt Kunst. Sie sagen, z. B. der geheime Referendär — ah, das ist ein edler, rechtschaffner Mann; es ist an ihm nichts auszustellen, nur Schade, Scha-

Schade, daß er — — hier machen Sie eine Pause, und schweigen mit einer bedeutenden Miene, damit die Einbildung der Zuhörenden erhitzt wird, denn glauben sie, ich weiß nicht was. Nach einer Weile fahren Sie wieder fort; man sagt zwar, der geheime Referendär sey ein großer Liebhaber vom Frauenzimmer; Sie setzen dann hinzu: dieß ist aber eben kein Fehler. Freilich kömmt es einem wunderlich vor, daß er für viele Kinder im Erziehungshause bezahlt; das ist aber bloße Gutthätigkeit — hier lächeln Sie, und sehen schnell mit ihrem Blicke herum, ob niemand mitlächelt, und lächelt jemand mit, so winken Sie ihm mit dem linken Auge zu; denn weiß man schon, woran man ist.

Klett. Aber beim Geier, lieber Magister! Das Ding braucht ja ein ganzes Studium.

Blum. Natürlich! Glauben Sie denn eine solche große Wissenschaft erfodert nicht sonderliche Talente?

Klett. Aber unter uns zu sagen. Das Ding ist doch eine abscheuliche Wissenschaft.

Blum. Abscheulich! Bey uns ist nichts abscheulich; nur alles in guter Meynung gethan, und frommer Absicht.

Klett.

Klett. Verträgt sich aber dieß alles wohl mit der strengsten Moralität?

Blum. Das glaub ich. Es ist die Moral selbst. Denn hören Sie; ich darf mich gegen jedermann schützen, der mir zu schaden sucht. Nun argumentire ich so: Ein Mann, der edler ist als ich, schadet mir eben darum, weil er edler ist als ich, und ein Mann, der klüger ist als ich, schadet mir eben darum, weil er klüger ist als ich, denn sein Licht setzt mich in Schatten. Er ist also gegen mich injustus aggressor, gegen welchen ich keine andere Waffen habe, als Verläumdung.

Klett. Ja, wenn es so ist, haben Sie recht.

Blum. Nun ja, denken Sie nur selbst nach.

Klett. Mit dem Denken ist's bey mir nichts, Magister, denn ich will und mag nicht denken.

Blum. Desto besser! ergo pie credere!

Auf die letzte Seite kömmt:

(Sämmtliche gehen ab; Magister Blum bleibt zurück. Nach einer Pause.)

Ich muß fort. Dieß ist also mein Lohn! — O undankbare Welt! Gott sey gedankt, daß ich nicht so gottlos bin, wie andere Menschen. Ich will fort; was hab ich auch hier zu verlieren, wo man meine Tugend nicht achtet? Ich will in die Türkey — vielleicht finde ich dort einen frommen Mufti, der mit mir gleiche Denkart hat.

Hassen kann ich die Menschen nicht, kann ich aber den Divan bewegen, daß er mit Feuer und Schwert das Land vertilgt, das mich von sich stößt, so will ich mich als eine Geisel Gottes ansehen, und der Vorsicht danken, daß sie mich zu diesem grossen Werke als ein unwürdiges Werkzeug hat brauchen wollen. Gott segne mein frommes Unternehmen! —

Der Vorhang fällt.

www.ingramcontent.com/pod-product-compliance
Lightning Source LLC
Chambersburg PA
CBHW022126160426
43197CB00009B/1169